Das Buch

»Kinder zu ehrlichen Menschen zu erziehen ist die vorrangige Aufgabe von Eltern und Pädagogen.« Menschen, Unternehmen und ganze Staaten lügen und kommen damit durch. Ehrlichkeit erscheint da eher als antiquierte Tugend. Kein Wunder, dass sich Kinder und Jugendliche die Unehrlichkeit der Erwachsenen zum Vorbild nehmen. Damit aber setzen wir unsere gesellschaftlichen Errungenschaften aufs Spiel.

Höchste Zeit also, dass Ehrlichkeit wieder im Mittelpunkt der Erziehung steht, sagt Bernhard Bueb, renommierter Pädagoge und einer der bekanntesten Kritiker des deutschen Erziehungswesens. Kinder müssen wieder lernen, sich selbst und anderen ehrlich zu begegnen. Denn die Wahrhaftigkeit unserer Freundschaften, unserer Lebensgemeinschaften und unserer beruflichen Zusammenarbeit ist die einzige Basis, die uns erlaubt, ein glückliches Leben zu führen.

Der Autor

Bernhard Bueb, 1938 in Tansania geboren, studierte Philosophie und katholische Theologie. Von 1974 bis 2005 war er Leiter der Schule Schloss Salem am Bodensee. Seine Buchveröffentlichungen, *Lob der Disziplin* (2006) und *Von der Pflicht zu führen* (2008), waren wochenlang auf der Bestsellerliste. Bueb ist verheiratet und hat zwei Töchter.

Von Bernhard Bueb sind in unserem Hause bereits erschienen:

Lob der Disziplin. Eine Streitschrift
Von der Pflicht zu führen. Neun Gebote der Bildung

Bernhard Bueb

Die Macht der Ehrlichen

Eine Provokation

Ullstein

Besuchen Sie uns im Internet:
www.ullstein-taschenbuch.de

Ungekürzte Ausgabe im Ullstein Taschenbuch
1. Auflage Oktober 2014
© Ullstein Buchverlage GmbH, Berlin 2013/Ullstein Verlag
Umschlaggestaltung: Sabine Wimmer, Berlin
Satz: Dörlemann Satz, Lemförde
Papier: Pamo Super von Arctic Paper Mochenwangen GmbH
Druck und Bindearbeiten: GGP Media GmbH, Pößneck
Printed in Germany
ISBN 978-3-548-37574-8

Für Wolfgang Harder

Inhalt

Vorwort

Wir vertrauen im Alltag auf die Ehrlichkeit unserer Mitmenschen. Selbst Lügner tun das. Sie gehen außerdem davon aus, dass andere sie für ehrlich halten. Wenn Menschen Opfer von Lügen werden, glauben sie daran, dass am Ende die Wahrheit ans Licht kommt. Das bewahrt sie davor zu verzweifeln.

Wenn der Glaube an die Macht der Wahrheit verlorenginge und wir uns nicht mehr auf zwischenmenschliche Ehrlichkeit verlassen würden, bräche unsere Welt zusammen. Das ist bisher nicht geschehen, weil die Wahrheit trotz vieler Niederlagen immer wieder siegte, auch wenn dieser Triumph zu oft erst posthum errungen wurde.

Der Wille zur Ehrlichkeit gehört zur menschlichen Natur wie der Macht- oder der Sexualtrieb. Kinder kommen mit dem Vertrauen auf die Welt, dass ihre Eltern sie lieben. Erziehung zur Ehrlichkeit heißt, dieses Vertrauen fortwährend zu bestätigen.

Die meisten Kinder erfahren durch ihr Aufwachsen, dass es richtig ist, ehrlich zu sein. Wenn sie lügen, merken sie schnell, dass sie ihr Glück gefährden. Denn die Ehrlichkeit oder die Wahrhaftigkeit oder die Aufrichtigkeit – diese Begriffe sind austauschbar – unserer Beziehungen sind eine sichere Basis, die uns erlaubt, ein glückliches Leben zu führen.

Einem Missverständnis unterliegen allerdings viele Menschen. Sie meinen, dass die Wahrheit irgendwie ihren Weg von selbst ans Licht findet. Sie vergessen, dass sie für die Wahrheit mutig und klug eintreten müssen.

»Die Welt geht nicht an der Bosheit der Bösen, sondern an der Schwachheit der Guten zugrunde.« Dieser Satz wird Napoleon zugeschrieben. Er war ein Menschenverächter. Seine Menschenverachtung resultierte aus der Erfahrung, dass die Guten ihre Sache nicht mit derselben Energie vertreten wie die Bösen.

Lügner, die sich durch Lügen Vorteile verschaffen, verachten die Ehrlichen, weil sie sie für schwach halten. Viele Ehrliche lassen sich dadurch einschüchtern, sie übernehmen dieses Bild, erfüllen die Voraussage der Lügner und stärken deren Macht. Die Macht der Lügner wankt jedoch, wenn die Ehrlichen selbstbewusst auftreten, weil sie an die Kraft der Wahrheit glauben.

Das Buch handelt von der Krise der Ehrlichkeit,

von der Schwierigkeit, ehrlich zu sein, von Lüge und Wahrheit, von der Wirkung der Bildung, aber vor allem davon, dass die Gewissheit zu siegen die Ehrlichen mächtig macht.

Das Ende der Aufrichtigkeit

In der Mitte des Dorfes liegt der Marktplatz, hier befinden sich nicht die Wohnhäuser, nicht die Kirche und nicht das Rathaus. Wie phantasievoll, wie anstrengungsbereit und wie klug die Teilnehmer des Marktes ihren Vorteil suchen, entscheidet über die Lebendigkeit des Dorfes. Ob die Dorfbewohner aber ein gutes Leben führen können, hängt davon ab, wie ehrlich Verkäufer und Käufer miteinander umgehen, wenn sie ihren Vorteil suchen. Der Wert der Ehrlichkeit ergibt sich nicht aus dem Markt. Menschen streben von Natur aus nach Ehrlichkeit, die Religion lehrt Ehrlichkeit als oberste Tugend, und die Politik (das Rathaus) setzt sie voraus. Doch der Trieb, seinen eigenen Vorteil zu suchen, ist so stark, dass er den Trieb zur Wahrhaftigkeit ständig gefährdet. Wenn daher der Marktplatz die Werte diktiert und der Primat der Wahrhaftigkeit nicht mehr selbstverständlich ist, gerät das Leben des Dorfes aus den Fugen.

Aus der Sicht von Wissenschaftlern und fachkundigen Journalisten ist die Welt längst aus den Fugen geraten: Der *homo oeconomicus*, der eigennützig denkende, auf seine Vorteile bedachte Mensch, begründe die Werte unserer Zeit. Er sei ursprünglich eine von der Wissenschaft entwickelte Kunstfigur, die dazu diene, Theorien aufzubauen und Vorhersagen zu machen. Nun aber habe sie die Denklaboratorien der Wirtschaftswissenschaft verlassen und entfalte in der wirklichen Welt eine eigene Macht. Sie sei zur Leitidee der Märkte geworden.

Bereits 2008 verurteilte Bundespräsident Horst Köhler, ein Wirtschaftsfachmann, in einem Interview das Gebaren der internationalen Finanzmärkte: Sie hätten sich zu einem »Monster« entwickelt, das in seine Schranken gewiesen werden müsse. Die Politik müsse wieder die Vorherrschaft über die Märkte gewinnen. Heute wird in Talkshows, in Zeitungskommentaren und täglichen Gesprächen die Ökonomisierung unseres gesamten Lebens für die vielen Missstände und sozialen Katastrophen verantwortlich gemacht – ein Dauerverdacht, der inzwischen selbst zur Realität, zu einer *self-fulfilling prophecy* geworden ist. Wie reagieren wir auf die Kassandrarufe der Fachleute? Und welche Sorgen und Ängste quälen uns?

Das Ideal des ehrbaren Kaufmanns bildete einmal das Leitbild der Wirtschaft. Seine Geschichte ist die Geschichte eines Glaubens an den absoluten Wert von Wahrhaftigkeit. Es war für Kaufleute eine Ehrensache, der Versuchung zu widerstehen, um wirtschaftlicher Vorteile willen unehrlich zu handeln. Diese Haltung machte den Stolz auf ihren Beruf aus und schaffte das Vertrauen, das wirtschaftliches Handeln zum Erfolg führt. Niederlagen vermochten die feste Burg ihrer Ethik nicht zu erschüttern. Ist das ein vergangenes Ideal?

Das heute weitverbreitete Vorteilsdenken gefährdet das ethische Handeln von Kaufleuten immens. Doch nicht nur Kaufleute sind gefährdet, auch Menschen, die Dienstleistungen »verkaufen«. Ärzte lassen sich verführen, Operationen vorzunehmen, weil sie Geld eintragen; selbst eine Autoreparaturwerkstatt könnte versucht sein, Kfz-Teile auszutauschen, die gar nicht verschlissen sind. Wer aber anfängt, solchen Versuchungen nachzugeben, wird das Ethos der Wahrhaftigkeit aufgeben.

Der Zeitgeist, der einst den ehrbaren Kaufmann stützte, scheint sich der Wahrhaftigkeit nicht mehr verpflichtet. Die Vatikanbank reiht sich in den Reigen der Lügenbanken ein. Der angesehene Präsident des FC Bayern, Uli Hoeneß, geschätzt als Mann des Gemeinwohls, hinterzieht Steuern. Bankberatern trauen wir nicht mehr über den Weg, weil sie den

Kunden zu Anlagen raten, die vor allem der Bank nützen. Sie verschweigen versteckte Kosten und die Tatsache, dass mögliche Provisionen ein Motiv der Beratung sind. Wir fühlen uns Internetriesen wie Amazon ausgeliefert, die Menschen unter schlechten Arbeitsbedingungen ausnutzen, um ihren Profit zu vermehren. Berichte über solche Machenschaften nähren unser Misstrauen. Lebensmittelskandale sind an der Tagesordnung. Die Werbung schreckt vor keiner Lüge zurück. Alle diese Nachrichten scheinen die Thesen der Propheten des 21. Jahrhunderts hinsichtlich der Ökonomisierung unseres Lebens zu bestätigen.

Doch im Alltag begegnet uns noch der ehrbare Kaufmann. Wie oft verlassen wir uns auf Handwerker, auf Mitarbeiter mittelständischer Unternehmen oder auf Verwaltungsbeamte und werden nicht enttäuscht. Aber manchmal kommen uns Zweifel, ob ihre Nachfolger dieser Moral noch folgen werden. Denn das egoistische Gebaren von Banken und global agierenden Konzernen macht uns misstrauisch. Ebenso schwindet unser Vertrauen in Politiker. Ein Bundespräsident tritt zurück, weil er die Wahrheit vernebelt, Ministern und Abgeordneten werden Plagiate in ihrer Doktorarbeit nachgewiesen. Ihre Reaktion: Dementis. Die Lügen von Wahlkämpfern registrieren wir nur noch fatalistisch. Im Sport, einst ein Eldorado der Fairness, reißen Berichte über Dopingmissbrauch nicht ab, die Entdeckung und die Leugnung solchen Fehlverhaltens sind mittlerweile feste Bestandteile der Berichterstattung zu Olympischen Spielen und anderen Sportereignissen. Wettskandale erschüttern den internationalen Fußball – Lügen über Lügen, so weit das Auge reicht. Steht eine Person ehrlich zu ihrer Verfehlung wie die ehemalige Ratsvorsitzende der Evangelischen Kirche, Margot Käßmann, dann wird sie wie eine Heilige verehrt. Das, was Margot Käßmann getan hat, sollte eigentlich selbstverständlich sein. Nur weil es nicht mehr so ist, konnte sie zur Ausnahmeerscheinung werden.

Es entsteht der Eindruck, es sei in unserer Zeit so schlecht um die Ehrlichkeit bestellt wie noch nie. Historiker können freilich schnell belegen, dass vor hundert Jahren ebenso gelogen wurde wie heute. Allerdings wurden Lügen noch nie so schnell und schonungslos wie heute ans Licht gebracht. Das ist moderner Medienkultur zu verdanken – ein Segen und ein Fluch zugleich. Lügen als Lügen anzuprangern ist segensreich. Aber nicht nur die Lügen der Mächtigen werden öffentlich, auch ihr Zynismus wird es. Dieser Zynismus kratzt an unserem immer noch optimistischen Menschenbild.

Zynismus war unter den Mächtigen immer verbreitet. Ihre moral- und menschenverachtende Haltung beschert ihnen Erfolg, weil sie auf den Anstand und die Ehrlichkeit der einfachen Bürger bauen. Um diese Haltung der Mächtigen zu begreifen, lohnt es sich, eine Szene in Schillers *Kabale und Liebe* nachzulesen, in der sich der Präsident der Hofkammer eines Fürstenhauses und sein Sekretär Wurm eine Intrige ausdenken, um die nicht standesgemäße Liaison des Präsidentensohnes mit einem Bürgermädchen zu hintertreiben. Erpressung übelster Art ist im Spiel. Der Präsident und sein Sekretär müssen erreichen, dass die Erpressten, das Mädchen und seine Eltern, Stillschweigen wahren. Sie sollen einen Eid darauf leisten, dass sie schweigen werden. Präsident: »Einen Eid? Was wird ein Eid fruchten, Dummkopf?« Wurm: »Nichts bei *uns*, gnädiger Herr. Bei dieser Menschenart alles.«

So müssen wir uns Dialoge in manchen politischen Gremien oder Bankvorständen vorstellen. Sie vertrauen zynisch auf diese »Menschenart«, die ein Versprechen hält, einen Eid nicht bricht und deren Wort gilt. Kann es aber nicht sein, dass diese »Menschenart« ausstirbt oder zumindest zu den gefährdeten Arten zählt? Zur Zeit Schillers erfuhren wenige Menschen vom Zynismus der Mächtigen, heute vernehmen wir durch die Medien, dass sie sich frech auf Kosten der Gemeinschaft bedienen.

Unehrlichkeit, Unanständigkeit und Trägheit wirken ansteckend – Ehrlichkeit, Anstand und Fleiß allerdings ebenso. Wir haben vor Jahren in Salem einen

Jungen aufgenommen, der sich in seiner Heimatstadt einer Gruppe Gleichaltriger angeschlossen hatte, die ihn zu Alkoholkonsum, Nichtstun und notorischem Lügen verführten. Die Eltern konnten ihn überzeugen, dass er sein Umfeld verändern müsse. Er stimmte zu und kam zu uns. Die Rechnung ging auf, er fand schnell Anerkennung in einer Gruppe, die ihn für Sport begeisterte. Er brauchte nicht mehr zu lügen, weil er nichts mehr zu verbergen hatte.

An einen umgekehrten Fall erinnere ich mich ebenfalls. Ein begabter, tüchtiger Junge wollte mehr aus seinen Talenten machen, kam zu uns, fand aber Gefallen an den Streichen und Albernheiten einer Gruppe von pubertierenden Mitschülern. Die Noten sanken ins Bodenlose, er verlor seinen Heiligenschein und brachte es zum meistgenannten Schüler in den Konferenzen. Er hatte in Salem das Lügen gelernt.

Ich berichte von beiden Jungen, um zu zeigen, was soziale Ansteckung im Guten und im Bösen anrichten kann. Erwachsenen geht es nicht anders. Denn leider sind wir von Natur aus schwach und brauchen zur Stärkung ein moralisch intaktes Umfeld. Umgekehrt höhlt es unsere Moral aus, wenn wir unter Menschen leben, die egoistisch handeln und lügen, wenn es ihnen nützt.

Wenn die Bürger unseres Landes beinahe täglich erfahren, dass viele Herrschende lügen und betrügen, wenn die verlässlichen Vorbilder rar werden und wenn immer wieder neue Skandale nachwachsen, verbreitet sich das Gift der Lüge durch soziale Ansteckung. Auch Zynismus wirkt ansteckend.

Viele Jugendliche nehmen die öffentliche Lügerei wahr und akzeptieren sie wie das schlechte Wetter, manche entwickeln ihrerseits ein zynisches Verhältnis zur Moral der Mächtigen. Sie verlieren die Achtung vor Politikern, Wirtschaftsführern und den Funktionären der großen Verbände, auch vor Vertretern der Kirchen. Wenn ein Politiker oder Wirtschaftsführer als ehrlich gilt, gehen sie davon aus, dass seine Lügereien nur noch nicht entdeckt wurden. Ihre Vorbilder wählen sie sowieso eher aus ihrem näheren Umfeld: Gleichaltrige, Eltern, Lehrer, Freunde ihrer Eltern, Verwandte. Sie entwickeln die Haltung, dass man im Kreis der Familie und der Freunde aufrichtig sein soll. In der Außenwelt darf man betrügen. Einen Diebstahl im Supermarkt werten sie nachsichtiger als einen Diebstahl in ihrer Gemeinschaft. Politik erscheint ihnen als ein schmutziges Geschäft. So begründen sie, warum sie sich ins Private zurückziehen.

Auch der Glaube an die segensreiche Wirkung von Aufklärung ist beschädigt. Viel zu oft bleibt es folgenlos, wenn die Wahrheit über die Machenschaften der Mächtigen ans Licht kommt. Boni werden gezahlt, auch wenn ein Investmentbanker Millionen

Menschen geschädigt hat. Nicht einmal Richard Fuld, der als Chef der Investmentbank Lehman Brothers die größte Wirtschaftskrise seit dem Zweiten Weltkrieg auslöste, muss persönlich für das Geschehene geradestehen. Das erzeugt ein Gefühl der Ohnmacht. Trotzdem sind wir dankbar, dass die Lügen entdeckt werden und dass über sie berichtet wird.

Unser Vertrauen in Politiker, die wir als unsere Repräsentanten wählen, ist erschüttert. Das ist gefährlich. Denn mehr und mehr bröckelt auch unser Vertrauen in die Gesellschaftsform, die uns Frieden und Wohlstand gebracht hat, in die Demokratie.

Wahrhaftigkeit galt als Primärtugend. So nennen wir eine Tugend, die aus sich heraus gilt, die ihren Wert in sich hat – Liebe, Gerechtigkeit, Freiheit, Respekt vor anderen Menschen sind weitere solche Tugenden. Sekundärtugenden erhalten ihren Wert durch fremde Zwecke, denen sie dienen. Ordnungssinn, Fleiß, Pünktlichkeit oder Sorgfalt gelten als solche Tugenden. Diese Tugenden haben Verwalter von Konzentrationslagern verinnerlicht, aber auch ihre Befreier. Eine SS-Mannschaft pflegt innerhalb ihrer Gruppe Ehrlichkeit, außerhalb gilt die Lüge. Wahrhaftigkeit sollte aber um der Wahrhaftigkeit willen geübt werden, also immer gelten und nicht, weil sie nützlich ist, um ein bestimmtes Ziel zu erreichen. Wahrhaftigkeit ist heute zur Sekundärtugend abgesunken.

Jede neue Nachricht über Lug und Trug ist geeignet, unseren Pessimismus zu vermehren. Und doch bewahren wir einen Glauben an den Sieg der Wahrhaftigkeit über die mächtigen Egoismen der Wirtschaftsinteressen.

Wer ist eigentlich ein
ehrlicher Mensch?

Ein ehrlicher Mensch begegnet einem anderen Menschen als gleichwertigem Partner. Er achtet dessen Würde. Wenn er mit ihm in Beziehung tritt, ist der andere auch wirklich gemeint, denn der Ehrliche benutzt sein Gegenüber nicht als Mittel, um eigennützige Zwecke zu verfolgen.

Beratungsberufe gehören zu den sensiblen »Geschäftsbeziehungen«. Ein Berater kennt sich in einem bestimmten Fachgebiet aus und hilft seinem Kunden dabei, in diesem Bereich fundiert Entscheidungen treffen zu können. Dafür verlangt er ein Honorar. Würde er ihn nur beraten, um ein Honorar zu kassieren, begänne die Unehrlichkeit. Denn der Kunde würde für ihn zum Mittel, um Geld zu verdienen. Wenn ein Psychotherapeut nicht davor zurückscheut, die Behandlung zu verlängern, obwohl der Patient gut seinen eigenen Weg gehen kann, dann degradiert er seinen Patienten ebenfalls zum Mittel, um noch länger Honorar erhalten zu können. Auch hier wird die Beziehung unehrlich.

Es gibt nicht nur materielle Beweggründe, anderen gegenüber unlauter zu sein. Wenn sich beispielsweise ein Mann von der Begegnung mit einer Frau lediglich ein Abenteuer verspricht, muss er ihr das mitteilen. Denn sonst wird auch sie Mittel zum Zweck.

Ich erinnere mich an ein sechzehnjähriges Mädchen, das zu ihrer Lehrerin, die zugleich ihre Erzieherin im Internat war, ein enges Vertrauensverhältnis hatte. Eines Tages ließ das Mädchen sich auf eine Unternehmung mit einer Gruppe von Jungen und Mädchen ein, die in einer Party mit einigen unerfreulichen Ereignissen endete. Als die Teilnehmer der Party befragt wurden, trug auch sie die in der Gruppe vereinbarte »Sprachregelung« vor. Sie log ihre Lehrerin an. Sie hatte lange um Anerkennung in der Gruppe gekämpft und fürchtete, diese Anerkennung zu verlieren, wenn sie abweichend von der Gruppenvereinbarung und damit ehrlich berichten würde. Der Zweck ihrer Lüge war, ihr Ansehen in der Gruppe zu stärken. Sie benutzte die Lehrerin als Mittel, um diesen Zweck zu erreichen. Dafür nahm sie in Kauf, dass sie die Würde der Lehrerin verletzte. Sie sagte nicht nur die Unwahrheit, sie gefährdete darüber hinaus die Grundlage ihrer Beziehung zu der Lehrerin und damit die gegenseitige Anerkennung als gleichwertige Partner.

In *Grundlegung zur Metaphysik der Sitten* hat Immanuel Kant schlüssig dargelegt, dass das Dasein des Menschen »an sich selbst einen absoluten Wert hat« und »als Zweck an sich selbst« die Grundlage des moralischen Gesetzes bildet. »Der Mensch und überhaupt jedes vernünftige Wesen existiert als Zweck an sich selbst, nicht bloß als Mittel zum beliebigen Gebrauche für diesen oder jenen Willen.« Das grundlegende Prinzip der Ethik ist in seinem System der kategorische Imperativ, hier in einer nicht so häufig zitierten Formulierung: »Handle so, dass du die Menschheit sowohl in deiner Person als in der Person eines jeden anderen jederzeit zugleich als Zweck, niemals bloß als Mittel brauchst.«

Der Ehrliche lebt nach diesem Imperativ. Dieser dient auch dazu, moralische von unmoralischen Handlungen unterscheiden zu können. Derjenige aber, der einen anderen als absoluten Wert akzeptieren kann, muss sich selbst als absoluten Wert, als Zweck an sich selbst, annehmen. Wir alle sollten lebenslang daran arbeiten, uns so zu bejahen, wie wir sind, und wir sollten damit auch das Leben bejahen. Je mehr uns das gelingt, desto größer werden unser Selbstvertrauen und unsere Zufriedenheit.

Das Selbstvertrauen, das Kinder brauchen, um sich selbst zu akzeptieren, gewinnen sie durch die Zuwendung ihrer Eltern. Urvertrauen nennen Psychologen dieses Grundgefühl. Die erste Begegnung des Menschen mit der Ehrlichkeit ist nach der Geburt: Lieben die Eltern ihr Kind vorbehaltlos? Wir kennen die Vorbehalte, die Kinder erwarten können: nur ein Mädchen, zur Unzeit gekommen, das Kind beeinträchtigt die berufliche Karriere, es ist behindert, es ist ein Schreikind oder ein kränkelndes Kind – kurzum, das Kind entspricht nicht der Vorstellung, die sich die Eltern von ihm gemacht haben. Es gibt Kinder mit einer bezaubernden Ausstrahlung und andere, die unliebenswürdig ins Leben treten. Sind Eltern ehrlich mit sich, wenn sie ihr Kind willkommen heißen? Sehen sie ihr Kind »als Zweck an sich selbst«, oder dient es ihnen als Mittel, um eigene Zwecke zu verfolgen? Vergleichen sie nicht sehr früh ihr Kind mit Kindern von Freunden und Verwandten? Welche Folgen hat das Vergleichen?

Wer wenig Selbstvertrauen besitzt, ist dem Vergleichen eher ausgeliefert. Denn er tut sich schwer, sich so zu akzeptieren, wie er ist. Er wird sich selbst belügen, weil er nicht aushält, im Vergleich zu anderen schlecht abzuschneiden. Er wird andere belügen, weil er ein Bild von sich erzeugen will, das ihn mehr scheinen lässt, als er ist. Wer ein starkes Selbstwertgefühl besitzt, wird sich auch vergleichen, aber den

Vergleich zum Anlass nehmen, besser zu werden. Wer in sich ruht, kann über die eigenen Unzulänglichkeiten lächeln.

In dieser frühen Phase hat die Haltung der Ehrlichkeit ihren Ursprung. Ehrlichkeit ist daher kein angelerntes Verhalten, sie ist eher eine lebensbejahende Art zu existieren. Wer Urvertrauen nicht in der Kindheit entwickeln konnte, wird es sehr schwer haben, ein ehrlicher Mensch zu werden. Er wird auf Kontrolle und Strafe angewiesen sein, um sich und vor allem um andere vor seinen Lügen zu schützen.

Auch wenn Ehrlichkeit eine lebensbejahende Art zu existieren ist, kann und soll jeder daran arbeiten, aus einem naiven Zustand der Ehrlichkeit eine reflektierte Haltung entstehen zu lassen. Naivität kann viel Unheil anrichten.

So neigen ehrliche Menschen zuweilen dazu, mit Wahrheiten wie mit Steinen um sich zu werfen. Eine Freundin von mir besaß die unselige Eigenschaft, mir sofort zu sagen, wenn Hinz oder Kunz sich nachteilig über mich geäußert hatte. Sie begründete diesen Mitteilungszwang mit dem Argument, sie sei mir gegenüber zur Wahrhaftigkeit verpflichtet. Sie war in der Tat von erfrischender Ehrlichkeit. Ich hätte mir allerdings gewünscht, dass sie häufiger abgewogen hätte, ob ich einen Sachverhalt wissen muss, damit ich mich gegen üble Nachrede wehren kann, oder ob ihre Information nur kränkend und beunruhigend ist.

Ehrliche sind oft naiv, weil sie darauf vertrauen, dass sie so verstanden werden, wie sie es meinen. Aber ehrliche Äußerungen können mehrdeutig, ungenau oder verkürzt formuliert sein oder aus dem Zusammenhang gerissen werden und so zu Missverständnissen führen und Gerüchte erzeugen. Im Mittelalter hatten Streitgespräche daher der Regel zu folgen, dass jeder das Argument seines Vorredners wiederholen musste und sich darüber hinaus bestätigen lassen musste, dass er das Gesagte richtig verstanden hatte. Dann erst durfte er darauf reagieren. Leider lässt sich diese kluge Regelung im Alltag nicht anwenden.

Ehrlichkeit kann auch eine Geißel sein. In den siebziger Jahren des letzten Jahrhunderts propagierten Psychologen gruppendynamische Sitzungen (*sensitivity training* nannte sich der Unsinn), um Einzelnen zu mehr Selbsterkenntnis zu verhelfen. In Gruppensitzungen sollten die Teilnehmer ehrlich mitteilen, wie sie die anderen sahen. Jede zweite Sitzung endete mit dem Zusammenbruch einzelner Teilnehmer, weil sie einander mit Lust vor allem verletzende Wahrheiten vorhielten. Ihre Selbsterkenntnis förderte der Zusammenbruch nicht.

»Alles, was du sagst, sollte wahr sein. Aber nicht

alles, was wahr ist, solltest du auch sagen«, lautet das bekannte Zitat des französischen Schriftstellers und Philosophen Voltaire. Wer ehrlich einem anderen die Wahrheit sagen will, sollte genau prüfen, ob der andere die Wahrheit verkraftet, aber auch, ob er die Wahrheit akzeptieren kann oder will. Einen anderen zu belehren, sicher wissend, dass die Belehrung ihn nur kränken, aber nicht bessern wird, ist töricht.

Menschen, die sich um Ehrlichkeit bemühen, erwarten, auch ehrlich behandelt zu werden. Damit können sie jedoch nicht immer rechnen. Sie müssen dafür kämpfen wollen, dass der Lüge, wenn sie ihnen begegnet, durch Aufklärung das Fundament entzogen wird. Ehrlichkeit ist nicht eine passive Haltung, sie ist aktives Verhalten. Mich haben ehrliche Menschen aufgeregt, die die Verlogenheit von Vorgesetzten oder Kollegen erkannten, sich aber nach dem Satz verhielten: »Ich heiße Hase und weiß von nichts.« Passivität, Scheu vor Konflikten und Trägheit können mutige Ehrliche schwer ertragen. Es ist ein Zeichen von Mündigkeit und Erwachsensein, für die Wahrheit und gegen die Lüge einzutreten.

Autoritäre Persönlichkeiten vertrauen auf die Trägheit und Feigheit der Menschen. Das ist das Geheimnis ihres Erfolgs. »Faulheit und Feigheit sind die Ursachen«, so schreibt Kant in seinem Essay »Beantwortung der Frage: Was ist Aufklärung?«, das im Dezember 1784 in der *Berlinischen Monatsschrift* erschienen ist, »warum ein so großer Teil der Menschen, nachdem sie die Natur längst von fremder Leitung freigesprochen, dennoch gerne zeitlebens unmündig bleibt; und warum es anderen so leicht wird, sich zu deren Vormündern aufzuwerfen. Es ist so bequem, unmündig zu sein.« Man mag den Ehrlichen zugutehalten, dass ihre Tatkraft erlahmt, wenn ihnen die Lüge frech und machtvoll begegnet. Ihnen fehlen dann die »Waffen« gegen diesen Feind, weil er selten in ihrem unmittelbaren Umfeld erscheint oder weil sie die Waffen gegen einen solchen Feind nie schärfen mussten. Das entlastet sie aber nicht von der Forderung, für die Wahrhaftigkeit kämpfen zu sollen.

Der Absolvent einer Waldorfschule trat nach seiner Ausbildung seine erste Stelle in einer Firma an. In der Abteilung, in der er landete, redete jeder über jeden. Und als Neuer wurde er zum bevorzugten Objekt. Ihn erschütterte diese für ihn ungewohnte Erfahrung menschlicher Arglist. Er fiel in eine Art Apathie, hielt aber die Intrigen nicht aus und entschloss sich deshalb, Gemeinheiten offen anzusprechen. Dieses Verhalten hatte Auswirkungen in zweifacher Hinsicht: Er selbst fühlte sich wohler, und sein Ansehen stieg. Er bekam sogar den Eindruck, dass sein beherztes Auftreten der Anfang eines veränderten Umgangs in der kleinen Abteilung wurde.

Ehrlich zu sich sein zu wollen ist die höchste Herausforderung an uns Menschen. Selbstbetrug ist vermutlich die häufigste Ursache von misslingenden Beziehungen. Menschen bauen Fassaden auf, hinter denen sie sich verstecken. Sie legen sich die Dinge so zurecht, dass sie sich selbst gegenüber den Schein der Ehrlichkeit wahren. Psychotherapie, Psychiatrie und alle Formen des Coaching lassen sich auf die Bemühung reduzieren, Menschen von diesen Fesseln des Selbstbetrugs zu erlösen und ihnen so zu helfen, ein gutes Leben zu führen.

Auch Arthur Schopenhauer erkannte: »Ein Mensch muss wissen, was er will, und wissen, was er kann: Erst so wird er Charakter zeigen, und erst dann kann er was Rechtes vollbringen.«

»Werde, der du bist – durch Lernen«, diese Aufforderung des griechischen Dichters Pindar durchzieht die ganze Geschichte des Abendlandes und ist so wahr wie vor 2500 Jahren. Der Weg zu sich selbst ist mit den Bemühungen um Selbsterkenntnis gepflastert; er ist aber auch voller Fußangeln.

Es gibt Menschen, die auf das Nachdenken über sich selbst und die daraus resultierenden Erkenntnisse verzichten. Ich denke hierbei an Fundamentalisten jeglicher Couleur. Sie sind ideologische Selbstbetrüger. Sie geben vor, das Wohl der Menschen zu verfolgen, befriedigen aber nur ihren Willen zur Macht.

Von der Schwierigkeit,
ehrlich zu sein

Wir belügen uns fortwährend selbst. Die Ehrlichen unterscheiden sich dadurch, dass sie es wissen. »Man wird selten finden, dass ein Mann, dessen Liebe sich von einer Frau ab- und einer anderen zuwendet, nicht das Bedürfnis empfindet, dies dadurch vor sich selbst zu legitimieren, dass er sagt: Sie war meiner Liebe nicht wert, oder sie hat mich enttäuscht, oder was dergleichen ›Gründe‹ mehr sind.« Dieses Beispiel führt der Soziologe Max Weber in seiner 1919 gehaltenen, legendären Rede »Beruf als Politik« an, um zu zeigen, dass es eine Struktur der Selbstrechtfertigung gibt, die im persönlichen Umgang ebenso verbreitet ist wie im Umgang von Politikern mit der Öffentlichkeit. Wir belügen uns, um nicht die Verantwortung für unser Handeln übernehmen zu müssen.

Der erste Schritt zur Ehrlichkeit ist die Bereitschaft, zu sich selbst ehrlich zu sein. Wir müssen zu uns stehen, wie wir sind. »Dies über alles: sei dir selber treu / Und daraus folgt, so wie die Nacht dem Tage, / Du kannst nicht falsch sein gegen irgendwen« — so lauten die Worte, die Shakespeare in *Hamlet* Polonius zu seinem Sohn Laertes sprechen lässt, bevor dieser nach Paris aufbricht. Authentisch nennen wir Menschen, die ihre Stärken und Schwächen kennen, die sich so geben, wie sie sind; die bereit sind, unangenehme Wahrheiten über sich anzuhören, und die auch dann wahrhaftig reden und handeln, wenn Wahrhaftigkeit ihnen schadet. Andere Menschen erleben sie als integer, als unverstellt und vertrauenswürdig.

In meiner Funktion als Schulleiter in Salem musste ich immer wieder zu unterschiedlichen Anlässen Reden halten. In den Anfangsjahren gelang es mir nicht, die Zuhörer zu erreichen, weil ich mich selbst hinter allgemeinen Sätzen und Zitaten fremder Autoritäten versteckte. Erst als ich besser wusste, wer ich bin, fester auf meinen Füßen stand und wagte, von mir zu sprechen und meine eigenen Gedanken vorzutragen, wirkte ich authentisch. Insbesondere die Schüler fanden meine Reden auf einmal interessant und freuten sich sogar darauf. Meine Autorität wuchs. Man kann in Reden unecht wirken, auch wenn man keine Unwahrheit sagt. Streng genommen ist auch dies eine Variante des Selbstbetrugs.

Wer von der Schwierigkeit, ehrlich zu sein, berichtet, muss drei Mächte erwähnen, die unser Leben und Handeln beherrschen: nämlich Macht, Geld und Sexualität. Es sind neutrale Mächte, die den Menschen Glück und Segen, aber auch Unglück und Fluch bringen können. Der Prüfstein, ob sie zum Heil oder zum Unheil gereichen, ist die Wahrhaftigkeit.

Im Räderwerk der Geschichte können sie dunkle Gewalten sein – man denke nur an Nero, an den goldgierigen spanischen Eroberer Francisco Pizzaro oder an Kleopatra. Aber nicht nur viele »Große« sind mindestens einer dieser Mächte zeitweise oder immer erlegen, sondern auch unsere Entscheidungen im Alltag werden davon gelenkt. Und die meisten Romane handeln von ihren beglückenden und verstörenden Wirkungen.

Die längste Zeit in der Geschichte des Christentums glaubten Christen, dass diese Mächte nur durch Verzicht und Sublimierung, also durch Umlenkung ins Geistige und Mystische, zu beherrschen seien. Wer ganz und gar in der Nachfolge Jesu Christi und als wirklich moralischer Mensch leben wollte, ging ins Kloster und musste dazu drei Gelübde ablegen: nämlich das Versprechen, ein Leben in Gehorsam (Verzicht auf eigenen Willen, vor allem auf Willen zur Macht), in Armut (Verzicht auf Besitz und

Geld) und in Keuschheit (Verzicht auf Sexualität) zu führen.

Wahrhaftigkeit sich selbst gegenüber ist die Voraussetzung, um ein solches von asketischen Idealen geprägtes Leben meistern zu können. Deswegen erwarteten die Ordensgründer von jedem, der ihrer Gemeinschaft beitreten wollte, die Bereitschaft zu einer über Jahre dauernden Selbstprüfung. Schon der Entschluss, den Schritt ins Kloster zu machen, konnte die Folge eines Selbstbetrugs sein. Dem endgültigen Eintritt wurde deswegen ein Noviziat vorangestellt, das letztlich nichts anderes ist als eine ritualisierte Selbstprüfung. Habe ich mich tatsächlich aus Liebe zu Gott für diese Existenzform entschieden? Oder verzichte ich auf den Willen zur Macht, um als moralisch Überlegener Macht zu genießen? Wurde diese Frage mit Ja beantwortet, war der Selbstbetrug offensichtlich.

Ich selbst trug mich nach dem Abitur an einer Jesuitenschule mit dem Gedanken, in den Orden einzutreten. Ein kluger geistlicher Berater führte mich in vielen Gesprächen zu der Erkenntnis, dass ich auf dem besten Wege war, mich selbst zu belügen. Die geistige Überlegenheit der Jesuiten und ihre moralische Macht durch Selbstüberwindung faszinierten mich mehr als ein gottgefälliges Leben. Ich wäre den nicht wenigen Menschen in der Geschichte des Christentums gefolgt, die einem Selbstbetrug erlegen waren. Der Großinquisitor im Mittelalter bildete die höchste Personifizierung einer solchen Lebenslüge. Auch evangelische Pfarrer und katholische Priester waren oft Opfer solchen Selbstbetrugs.

Das größte Unheil richten Menschen an, die die Wahrheit genau kennen. Ihnen ist kritische Selbst-prüfung fremd. Sie haben irgendwann beschlossen, nicht mehr über sich nachzudenken oder gar an sich zu zweifeln. Wie bereits erwähnt, gehören Funda-mentalisten aller Art dieser Gattung an. Sofern sie mit absolutem Wahrheitsanspruch als Gruppe auf-treten, erkennt man sie von weitem und kann sich von ihnen distanzieren. Aber es gibt auch einzelne Menschen, die sich im Alltag ihre Wahrheit geschaf-fen haben. Sie wissen immer genau, »wo es lang-geht«.

Nicht die Wahrheit, in deren Besitz irgendein Mensch ist oder zu sein vermeinet, sondern die aufrichtige Mühe, die er angewandt hat, hinter die Wahrheit zu kommen, macht den Wert des Menschen. Denn nicht durch den Besitz, sondern durch die Nachforschung der Wahrheit erweitern sich seine Kräfte, worin allein seine immer wach-sende Vollkommenheit bestehet. Der Besitz macht ruhig, träge, stolz. Wenn Gott in seiner Rechten alle Wahrheit und in seiner Linken den einzigen, immer regen Trieb nach Wahrheit, obschon mit dem Zusatze, mich immer und ewig zu irren, verschlossen hielte und spräche zu mir: »Wähle!« — ich fiele ihm mit Demut in seine Linke und sagte: »Vater, gib! Die reine Wahrheit ist ja doch nur für Dich allein!«

Diese Worte Lessings über die Wahrheit stammen aus einer theologischen Kontroverse im Jahre 1777 und sind nachzulesen in Lessings *Theologische Streitschriften.*

Wenn wir andere beurteilen müssen, ist die Gefahr der Selbsttäuschung besonders groß. Denn wir neigen dazu, subjektiven Einschätzungen objektive Richtigkeit zuzuschreiben. Lehrer müssen fortwährend die Leistungen von Schülern bewerten. Wie schrecklich sind Lehrer, die an die objektive Gültigkeit ihrer Noten glauben. Die ruhige Arroganz solcher Lehrer lässt Schüler an deren Menschlichkeit zweifeln. Ich regte mich in Zeugniskonferenzen regelmäßig über Lehrer auf, die die Noten bis auf zwei Dezimalen nach dem Komma ausrechneten und einen Anspruch auf Objektivität vortäuschten, gegen den Schüler sich machtlos fühlten. Eltern müssen sich anstrengen, die wahre Begabung ihrer Kinder zu erkennen. Welch ein Unglück für Kinder, wenn Eltern genau wissen, wie begabt oder unbegabt sie sind.

Scheinheilige werden behaupten, die Wahrheit

zu wissen. Ebenso Lügner. Denn die Sicherheit, mit der der eine sich selbst und der andere andere belügt, macht ihren Erfolg aus. Sie sind nicht bereit, über sich nachzudenken. Man erkennt sie häufig am Mangel an Humor. Denn Humor zu haben ist die Fähigkeit, über sich selbst lächeln zu können.

Immer wieder ertappe ich mich dabei, wie ich vor »Wahrheiten« über meine Person und meine Leistungen fliehe. Wenn ich merke, dass ein Vortrag nicht gelungen ist, vermeide ich Begegnungen mit den Zuhörern, im umgekehrten Fall suche ich das Gespräch mit dem Publikum. Manchmal drücke ich mich auch darum, mich mit anderen Vortragenden zu vergleichen. Aus solch einem Grund verließ ich einmal einen Kongress früher, was der nachfolgende Redner sehr bedauerte. Meinen vorzeitigen Aufbruch konnte ich begründen, weil ich meinen Flug erreichen musste. Hinterher holte mich die »Wahrheit« aber dennoch ein: Die Kongressleitung verschickte einen Bericht, in dem mein Vortrag zwar als gut, der Vortrag des anderen Redners jedoch als fulminant bewertet wurde.

Wahrhaftigkeit hängt auch von der Eindeutigkeit und Klarheit der Aussagen ab, die man macht. »Deine Rede sei ja, ja; nein, nein. Was darüber ist, das ist von Übel«, heißt es schon in der Bergpredigt.

Die Mutter fragte ihren zwölfjährigen Sohn,

warum der Bruder weint. »Er ist hingefallen«, antwortete er wahrheitsgemäß. Dass er ihn geschubst hatte, verschwieg er.

Ein Schüler in Salem kam zu spät zum Unterricht. »Ich musste mit dem Schulleiter sprechen«, antwortete er auf die Frage der Lehrerin nach den Gründen der Verspätung. Sie ärgerte sich über den Schulleiter und sprach ihn an, warum er gerade während des Unterrichts Gespräche mit Schülern führen müsse. »Ich habe den Knaben im Flur angesprochen, warum er noch nicht im Unterricht sei«, lautete seine Rechtfertigung.

Ministerpräsident Wulff wurde im niedersächsischen Parlament gefragt, ob er Geschäftsbeziehungen zu einem Unternehmer unterhalte. Abgeordnete vermuteten Bestechlichkeit. Wulff verneinte. Dass er ein privates Darlehen von der Frau des Unternehmers erhalten hatte, verschwieg er.

Lügner lügen nicht immer platt und geradeheraus. Beide Jungen antworteten wahrheitsgemäß, trotzdem waren es keine ehrlichen Antworten auf die gestellten Fragen. Der unpünktliche Junge milderte das Urteil über seine Äußerung, weil sie pfiffig war. Auch Wulff äußerte keine Unwahrheit. Ungenaue Formulierungen, vernebelnde Allgemeinheiten und Halbwahrheiten sind Varianten von Lügen. Erziehung zur Ehrlichkeit heißt auch Erziehung zur Genauigkeit.

Ein anderer häufiger Grund dafür, dass es so schwierig ist, ehrlich zu sein, ist unser Mangel an Mut. Ich brachte es nicht über mich, dem Abiturienten zu sagen, dass es chancenlos sei, sich bei der Studienstiftung zu bewerben, einer Fördereinrichtung für sehr begabte Studenten. Auf seine Bitten hin schrieb ich ein Gutachten. Es war ehrlich und verminderte seine Chancen. Auch brachte ich es nicht über mich, einem Schüler die Note zu geben, die er verdient hätte. Er gab sich immer viel Mühe, aber er hatte das Pulver nicht erfunden. Mitleid ist keine gute Rechtfertigung für Unehrlichkeit.

In dem Film »Ziemlich beste Freunde« sucht ein querschnittsgelähmter reicher Mann einen Pfleger. Er entscheidet sich für einen jungen Mann, der auf seinen Zustand nicht therapeutisch reagiert. »Ich würde mir an Ihrer Stelle die Kugel geben«, wird der Pfleger zitiert. »Wie kann ich, wenn ich gelähmt bin«, antwortet der Patient. Der Pfleger gab ihm seine Würde zurück, weil er ihn ehrlich behandelte. Behinderte haben ein Recht auf Ehrlichkeit – wie alle Menschen. Ich habe Lehrer geschätzt, die aus Fürsorge die Leistung der Schüler ehrlich bewerteten. Ehrlich hieß, ihnen mutig die persönliche, durchaus subjektive Einschätzung mitzuteilen und ihnen dadurch zu helfen, sich selbst besser einschätzen zu können.

Wie aber halten wir es mit Kindern? Dürfen beziehungsweise sollen wir Kinder loben, um sie zu ermutigen, auch wenn wir das Produkt ihrer Leistung unzureichend finden? Dürfen wir die kleinen Lügen zulassen, die wir uns hin und wieder bei Erwachsenen erlauben? Meine klare Antwort lautet: Nein – und gleichzeitig muss ich diese Antwort etwas differenzieren. Wenn ein Kind sein Bestes gegeben hat, das Produkt aber mäßig ist, dann ist trotzdem Lob geboten. Denn wir wollen nicht das Produkt loben, sondern die Leistung des Kindes. Wenn aber erkennbar ist, dass das mäßige Produkt die Folge seiner mangelnden Anstrengung ist, dürfen wir das Kind nicht loben.

In ihrem Buch *Die Mutter des Erfolgs: Wie ich meinen Kindern das Siegen beibrachte* erzählt die berühmte »Tigermutter« Amy Chua, eine Amerikanerin chinesischer Herkunft, dass sie ein Geschenk, das ihr ihre beiden sechs- und achtjährigen Töchter zum Geburtstag gebastelt hatten, nicht annahm, weil sie es sichtlich schnell und ein wenig lieblos fabriziert hatten. Ihre Reaktion leuchtete mir sehr ein. Sie erwarte von ihren Kindern höchste Anstrengung, so wie auch sie sich ein Bein ausreiße, um ihnen gute Bildungschancen zu ermöglichen.

Auch in Freundschaften, in der Ehe und in der kollegialen Zusammenarbeit fehlt uns oft der Mut zur Ehrlichkeit. »Tapferkeit vor dem Freund« nannte Ingeborg Bachmann in ihrem Gedicht »Alle

Tage« diese für eine Freundschaft so unverzichtbare Tugend. Ich darf dem Freund nicht verschweigen, dass ich sein Verhalten kritisch sehe. Er wird eine »Wahrheit«, die ich ihm mitteile, nicht ohne weiteres akzeptieren. Ich muss sie hartnäckig und wiederholt vortragen und immer wieder mit guten Argumenten unterfüttern. »Mir kommt ein Wort des Prinzen Max in Erinnerung«, äußerte Kurt Hahn einmal, »der Wert einer Überzeugung liegt nicht so sehr in ihrer Klarheit, mit der sie verkündet wird, als in der Standhaftigkeit, mit der sie verteidigt wird.«

All die genannten Beispiele schildern Situationen, in denen die Beweggründe für unehrliches Auftreten psychologisch verständlich sind. Diese Beweggründe sind aber nicht unmoralisch. Nicht jede Unehrlichkeit ist eine Lüge. Mit der Lüge betreten wir neue Gefilde.

Menschen lügen aus vielerlei Gründen: Sie wollen einen Vorteil ergattern, sie wollen Schaden, auch Strafen von sich abwenden, sie wollen anderen Schaden zufügen, sie wollen ein Bild von sich erzeugen, das ihnen Ansehen bringt, oder sie haben Angst. Ich klammere die sogenannte »Notlüge« hier aus, weil sie nicht als unmoralisch einzustufen ist. Davon wird später die Rede sein.

Eltern und Lehrer sollten Kindern Brücken bauen, um es ihnen leichter zu machen, ehrlich zu sein. Ein Vater fragt seine achtjährige Tochter, ob sie den Nachtisch, der für den Bruder aufgehoben wurde, gegessen habe. Sie gibt ihm keine klare Antwort. Schließlich fragt er: »Hast du den Nachtisch gegessen, ja, nein oder vielleicht?« Ganz schnell antwortet sie: »Vielleicht.«

Wie erlösend wäre es, wenn auch wir Erwachsenen ab und zu »vielleicht« antworten dürften. Wir ständen nicht so nackt und hilflos da. Wir müssten die Wucht der Enttäuschung des Fragenden nicht so unmittelbar und ungeschützt aushalten. Denn diesen Augenblick fürchten wir, wenn wir einem anderen gegenübertreten und wissen, wie es ihn trifft, dass wir ihn angelogen haben. Wir wissen, wie sehr unsere Lüge den Kollegen oder Freund verletzt hat. Die Bemerkung »Das hätte ich von dir nicht erwartet!« haut uns um. Wir hätten doch so gern das Bild des ehrlichen Menschen bewahrt. Aber wir können es nur retten, wenn wir unser Versagen bekennen.

Das gute Bild von sich zu wahren ist unter anständigen Menschen sehr häufig ein Grund zu lügen. Das Mädchen wollte vor dem Vater nicht als gemein erscheinen, weil sie dem Bruder den Nachtisch weggegessen hatte. Eine Schülerin, aufrichtig von Natur, heiteren Gemüts und überall beliebt, ließ sich von Mitschülern zu einer nächtlichen Aktion verführen, die durch reichlichen Genuss von Alkohol und die darauf folgenden Nebenwirkungen Aufsehen erregte. Sie solidarisierte sich mit den anderen und leugnete alle Tatbestände. Sie wollte den Satz nicht hören: »Das hätten wir gerade von dir nicht erwartet.« Sie wollte doch weiterhin für ihr aufrichtiges Wesen geliebt werden. Zu spät, weil schon überführt, stand sie zu der Tat und war doppelt unglücklich, weil die Leugnung der Tat schwerer wog als die Tat selbst.

Angst hindert viele daran, ehrlich zu sein. »Da erinnerte sich Petrus des Wortes Jesu, der gesagt hatte: Ehe der Hahn kräht, wirst du mich dreimal verleugnen. Und er ging hinaus und weinte bitterlich.« (Math. 26,75) Die animalische Angst, mit seinem Herrn verhaftet zu werden, ließ ihn dreimal verneinen, dass er zu Jesus gehört.

Ehrlich sein heißt nicht nur sagen, was man denkt. Der Ehrliche soll auch aufklären, wo er Lüge vermutet. Ich möchte an einem Beispiel, das in den letzten Jahren viele Menschen bewegt hat, von meinem Versäumnis berichten, eine Lüge zum rechten Zeitpunkt mit Nachdruck aufzudecken. Erst seit Anfang dieses Jahrhunderts wurden in großem Umfang Wahrheiten über sexuellen Missbrauch in der katholischen Kirche und in deutschen Internaten bekannt. Sie erinnern in Umfang und Ausmaß des Leidens an die Misshandlungen der Sklaven. Bis dahin hatte die wissenschaftliche und die praktische

Pädagogik sexuellen Missbrauch selten thematisiert und wenn, dann nie mit dem dramatischen Ernst, den das Thema verdient hätte. In kurzer Zeit überschwemmten die Nachrichten über Missbrauch die Medien. Es wurde berichtet, wie Kirchenleitungen versucht hatten, die bekannt gewordenen Fälle unter der Hand zu regeln, indem sie Täter versetzt und Therapien angeordnet, aber den verbrecherischen Aspekt der Taten nicht wahrgenommen hatten. Die öffentliche Debatte erreichte 2010 ihren Höhepunkt, als die Verbrechen des ehemaligen Schulleiters der Odenwaldschule, Gerold Becker, bekannt wurden. Über fünfzehn Jahre hatte er Jugendliche missbraucht. Aber auch seine Taten wurden erst zögerlich in ihrer ganzen Dimension erkannt.

Zwölf Jahre bevor das Entsetzen über seine Verbrechen die Öffentlichkeit erreichte, hatten ihn zwei ehemalige Schüler in offenen Briefen des Missbrauchs bezichtigt. Die Vorwürfe wurden von seinem Nachfolger in gemeinsamer Anstrengung mit den Gremien der Schule sorgfältig untersucht, in einem Bericht zusammengefasst und an das Regierungspräsidium geschickt. Niemand reagierte auf diesen Bericht. Eine öffentliche Debatte unterblieb. Auch wir Pädagogen, sowohl diejenigen, die Becker persönlich kannten, als auch diejenigen, die ihn nicht kannten, gingen zur Tagesordnung über. Wie konnte so etwas geschehen?

Ich kann mir diese Untätigkeit aller – die Medien blieben stumm, die hessische Regierung handelte nicht – nur dadurch erklären, dass viele das Undenkbare nicht denken wollten. Das, was geschehen war, lag weit außerhalb unseres Vorstellungshorizonts. Heute werfe ich mir vor, dass auch ich mich damals zu wenig für eine rückhaltlose Aufklärung der Vorwürfe eingesetzt habe.

Die offene Berichterstattung und die öffentliche Diskussion nach 2010 führten dazu, dass das Thema sexueller Missbrauch zum ersten Mal in seinen ganzen Dimensionen erkannt und ernst genommen wurde. Entsprechend haben Pädagogen begonnen, Maßnahmen zu fordern, um Missbrauch vorzubeugen. Eltern sollen Kinder früh darüber aufklären, dass es Erwachsene gibt, die krank sind und sich an Kindern vergreifen; Kindern muss klargemacht werden, dass sie sofort mitteilen müssen, wenn sie das leiseste Unbehagen spüren.

Erwachsene, die in Einrichtungen arbeiten, die Kinder betreuen, sollen ein Klima des Vertrauens schaffen, so dass Kinder und Jugendliche nicht zögern, das Gespräch zu suchen, wenn sie beunruhigt sind. Sie sollen Kinder darüber hinaus aufmerksam beobachten und, wenn sie auffälliges Verhalten wahrnehmen, mit anderen Mitarbeitern darüber sprechen. Leiter von pädagogischen Einrichtungen müssen Verhaltensregeln aufstellen, Mitarbeiter fortbilden und dafür sorgen, dass die Aufmerksamkeit nicht nachlässt, wenn das Thema aus der öffentlichen Diskussion verschwunden ist.

Die Bemühung um Ehrlichkeit und die Bemühung um Aufklärung von Lügen gehören eng zusammen. Der Ehrliche muss daran arbeiten, dass die Wahrheit ans Licht kommt. Wer das erkannt hat, wird Kants Feststellung zustimmen, dass Feigheit und Trägheit die Ursache sind, warum es uns so schwerfällt, ehrlich zu sein.

Der Mythos Salem oder wenn
Ehrlichkeit als »cool« gilt

Katja Mann reiste 1923 mit ihrem Sohn Golo nach Salem, um ihn Kurt Hahn vorzustellen, dem Leiter der Schule Schloss Salem. Am Ende des Gesprächs fragte Kurt Hahn: »Wie hältst du es mit der Ehrlichkeit?« – »Ich halte es mit der Ehrlichkeit wie Napoleon, ich lüge, wenn es mir nützt.«

Katja Mann sah die Karriere Golos in Salem beendet, bevor sie begonnen hatte. Aber Kurt Hahn antwortete: »So viel Ehrlichkeit genügt mir, du bist aufgenommen!«

Die Gründer von Salem waren Missionare der Ehrlichkeit. Sie entwarfen die Vision einer Gemeinschaft von Lehrenden und Lernenden, in der Ehrlichkeit eine Sache der Ehre sein sollte. Ein kleines Gemeinwesen sollte entstehen, ein besserer Staat im schlechteren, in dem junge Menschen die Tugenden einer Verantwortungselite üben sollten. Hier hat der Mythos Salem seinen Ursprung.

Prinz Max von Baden, der letzte kaiserliche Reichskanzler, und Kurt Hahn, sein damaliger Privatsekretär, umwehte noch die Aura der Macht, als sie Salem 1920 gründeten. Beide waren zu jenem Zeitpunkt bereits Akteure und Werkzeuge historisch bedeutsamer Prozesse gewesen. Auch nach dem Rückzug aus den Positionen der Macht wollten sie politisch tätig bleiben. In ihren Augen hatten im Ersten Weltkrieg die Eliten versagt: Diese hätten sich der Diktatur des Militärs unterworfen, ihr Friedenswille habe nie zu Taten geführt. Den Eliten hätten die Ehrlichkeit, der Mut und die »Tatkraft« gefehlt, Überzeugungen durchzusetzen. Jugendliche zu ehrlichen und mutigen Menschen zu erziehen sah Kurt Hahn daher als notwendige Bedingung politischer Bildung an.

Prinz Max und Kurt Hahn waren Politiker. Pädagogik war für sie der Anfang von Politik. Unter Politik verstanden sie die gemeinsame Regelung des Zusammenlebens in einer Gemeinschaft. Sie könne nur gelingen, davon waren sie überzeugt, wenn alle mit sich selbst und mit anderen ehrlich umgingen. Deswegen erklärten sie Ehrlichkeit zum obersten Prinzip ihrer Pädagogik.

Den Abschluss ihrer gemeinsamen Tätigkeiten bildeten die *Erinnerungen* des Prinzen Max von Baden, die der Prinz mit der Unterstützung von Kurt

Hahn verfasste. Golo Mann bemerkt im Vorwort: »Der Autor ist sachlich bis zum Asketischen, gerecht bis zur Ungerechtigkeit gegen sich selber.«[1] Er hätte auch formulieren können, er sei ehrlich bis zur Ungerechtigkeit gegen sich selber.

Ehrlichkeit hieß in den Augen der Gründer zunächst einmal Ehrlichkeit sich selbst gegenüber. Sie übernahmen daher als zentrales Element ihrer Pädagogik die Methode der Selbstprüfung aus der Tradition der Klöster und nannten sie Trainingsplan. Jeder Schüler sollte sich täglich abends prüfen, ob er seine Pflichten erfüllt hat und mit anderen respektvoll umgegangen ist. Hierzu gab es eine Liste, auf denen Pflichten und Tugenden verzeichnet waren, die er mit einem Plus- oder einem Minuszeichen versehen musste. Diese Eintragungen wurden nicht kontrolliert.

Die Vision wurde Wirklichkeit. Schüler regelten verantwortlich das Zusammenleben und bemühten sich, ehrlich und gerecht über die Moral der Gemeinschaft zu wachen. Lehrer pflegten bei Klassenarbeiten nach Verteilung der Aufgaben den Raum zu verlassen. Niemand nutzte ihre Abwesenheit, um zu betrügen. Das war gängige Praxis in Salem bis in die späten fünfziger Jahre. Wer abschrieb, war uncool –

---

1 Prinz Max von Baden, *Erinnerungen und Dokumente*, Ernst Klett Verlag, Stuttgart 1968, S. 10.

wie Schüler heute sagen würden. Es galt auch hier der Ehrenkodex.

Als Strafe für Regelübertretungen mussten Schüler längere Spaziergänge oder gar kleine Wanderungen unternehmen. Es war selbstverständlich, dass jeder ohne Kontrolle die vereinbarten Zeiten und Wege einhielt.

Wer diesem Anspruch genügte, gehörte zur Elite. Der unbedingte Wunsch, ihr anzugehören, war das Korsett, das die Schüler in ihrer Moral stützte; zugleich übte der Elitegedanke einen Zwang aus, dem junge Menschen nicht entfliehen konnten. Inwieweit ehrliches Verhalten einer freien Entscheidung oder dem Gruppendruck der elitären Gemeinschaft zu verdanken war, ließ sich schwer ausmachen.

Dieser Ehrenkodex rief in Salem eine Art Terror der Tugend hervor, aber nicht ausgeübt von Erwachsenen, sondern von Gleichaltrigen. Ihre Kontrolle war lückenloser und unbarmherziger als die Kontrolle von oben. Sie führte außerdem zu einer strengen Selbstkontrolle. Es gab Schüler, die die Forderung der Ehrlichkeit gegen sich selbst ganz und gar verinnerlichten.

Das erzählte mir ein ehemaliger Schüler, der Salem besuchte, als Kurt Hahn Leiter war. »Sie müssen sich einmal vorstellen, Herr Bueb, welche Folgen es für mein Selbstbild hatte, wenn ich monatelang jeden Abend nur Minuszeichen eintragen konnte. Ich brachte den Mut nicht auf, ehrlich über mein Versagen zu sprechen.« Die Ehrlichkeit erzeugte Unehrlichkeit.

Ehrlichkeit ohne Mut und Tatkraft taugte in den Augen der Gründer wenig. Jeder sollte tun, was er verkündete. Jeder sollte in seinem Umfeld und im Leben seines Gemeinwesens für Wahrhaftigkeit kämpfen. Schüler sollten daher die »Fähigkeit« erwerben, »das als Recht Erkannte durchzusetzen: gegen Unbequemlichkeiten, gegen Strapazen, gegen Gefahren, gegen Hohn der Umwelt, gegen Langeweile, gegen Skepsis, gegen Eingebungen des Augenblicks.« Die Mentoren, so hießen die Lehrer, die zugleich Erzieher waren, sollten in einem »abschließenden Bericht an die Eltern«, der dem Abschlusszeugnis beigefügt wurde, explizit dazu Stellung nehmen, ob ihre Schüler ehrlich und mutig gehandelt hatten oder eben nicht.

Wir suchten in den 1980er Jahren, ein paar Jahre, nachdem ich die Leitung von Salem übernommen hatte, nach einer Formel, um die Leitgedanken der Gründer Schülern, Lehrern, Eltern und auch der Öffentlichkeit kurz und griffig präsentieren zu können.

Die Gründer waren den Einsichten der Reformpädagogik gefolgt, dass das Lernen durch Erfahrung dem Lernen durch Belehrung überlegen sei. Politisch handeln lernen Jugendliche nicht durch Belehrung im Unterricht, so befanden sie, sondern durch *Learning by doing*. Erziehung zu Verantwortung durch Beteiligung an der gemeinsamen Regelung des Zusammenlebens, durch Schülermitverantwortung – so stellten sie sich den Weg vor, auf dem Schüler politisch denken und handeln lernten.

Zu den Tugenden Wahrheitsliebe und Mut mussten wir daher lediglich Gemeinsinn hinzufügen, um die Trias von Tugenden zu vervollständigen, die den politischen Menschen ausmacht und Schülern als Leitidee dienen sollte. Die neue Formel lautete also: »Wahrheitsliebe, Mut und Gemeinsinn.« Unehrlichkeit, Feigheit und Egoismus waren Ende des 20. Jahrhunderts so verbreitet wie zu seinem Beginn. Deswegen ist Kurt Hahns Pädagogik auch heute noch aktuell.

Prinz Max von Baden und Kurt Hahn glaubten an »die Versöhnbarkeit von Ethik und Politik« und an die »Vereinbarkeit von Macht und Recht«, so charakterisierte Golo Mann ihr politisches Credo im Vorwort zu den *Erinnerungen* von Prinz Max: »Der würde den Machtkampf gewinnen, der menschliche Ziele ehrlich – aber nicht bloß demagogisch – mit nationalen verband und der der Bessere war ...«[2]

Die Pädagogik der Gründer entwickelte sich aus ihrem Charakter. Anstand bildete die Maxime ihres Handelns. Als Bismarck 1890 nach seinem Sturz als

2 Prinz Max von Baden, *Erinnerungen und Dokumente*, Ernst Klett Verlag, Stuttgart 1968, S. 76.

Kanzler vom Lehrter Bahnhof nach Friedrichsruh abreiste, so berichtet Golo Mann, erschien Prinz Max, damals dreiundzwanzig Jahre alt, als einziger der deutschen Fürsten, um den gestürzten Kanzler zu verabschieden. Diese Geste zeigt seine noble und couragierte Haltung, nämlich Größe ehrlich durch öffentliches Auftreten anzuerkennen, auch wenn die Mächtigen des Landes sich – vielfach gegen ihre Überzeugung – dazu nicht bereitfanden. Vornehm war die Haltung des Prinzen, Höflichkeit des Herzens charakterisierte sein Handeln. Die Gründer folgten ihren Einsichten, sie kannten nicht den »Hiatus zwischen Einsicht und Tatkraft«, den Kurt Hahn den Intellektuellen vorwarf, ihnen war aber auch die Gewissenlosigkeit der politisch Handelnden fremd.

Kurt Hahn selbst ging diesen Weg. Er exponierte sich häufig, tat immer wieder unerschrocken seine Meinung kund und bekam die Folgen zu spüren. 1917 verfasste er in seiner Funktion als Mitglied der »Zentralstelle für den Auslandsdienst« eine Denkschrift, in der er darauf hinwies, dass die Proklamierung des uneingeschränkten U-Boot-Krieges durch die Deutschen von den Briten gewünscht werde, um Amerika kriegswillig zu machen, und dass die Deutschen dabei seien, ihnen auf den Leim zu gehen. Seine Vorgesetzten teilten seine Auffassung, verwarfen diese Gedanken aber als inopportun und sorgten dafür, dass Hahn in eine andere Abteilung versetzt wurde. Entschlossen handelte er im Juni 1932, als er, nachdem fünf SA-Männer einen Kommunisten umgebracht hatten – eine Aktion, die von Hitler begrüßt wurde –, ein Schreiben an alle Mitglieder des Altschülervereins Salemer Bund richtete und sie aufforderte, sich entweder für Hitler oder für Salem zu entscheiden.

Dieses Ethos der Aufrichtigkeit, für das die Gründer eintraten, war noch lebendig, als ich 1974 die Leitung Salems übernahm. Die praktizierte Ehrlichkeit des frühen Salem fand ich allerdings bei den Schülern nicht mehr vor. Wie eine Legende klangen die Berichte aus alten Tagen, als Lehrer bei Klassenarbeiten die Schüler allein ließen und sich jeder auf das Wort des anderen ungeprüft verlassen konnte.

Das bedeutet nicht, dass die Schüler weniger tugendhaft waren als die Schüler der Vorkriegszeit. Die Schüler im »alten« Salem waren ehrlich gewesen, weil sie ihre Zugehörigkeit zur Elite nicht gefährden wollten. Ihre Ehrlichkeit resultierte nicht immer aus einer größeren Charakterstärke. In den siebziger Jahren des 20. Jahrhunderts war Ehrlichkeit eine mühsam errungene Haltung gegen die unter Schülern verbreitete Auffassung, der Ehrliche sei der Dumme.

Es gibt auch noch eine weitere Erklärung. Unterricht spielte in der Frühzeit Salems eine geringe Rolle; die politische Bildung und die Charakterbildung durch die vielfältigen Aktivitäten im Internat dominierten. So auch in Gordonstoun, der Schule, die Kurt Hahn nach seiner erzwungenen Emigration in Schottland gegründet hatte. Als ich kurz nach meiner Übernahme der Leitung Salems Professor Werner von Simson traf, damals Rechtsgelehrter in Freiburg, erzählte er mir, sein Sohn habe in Gordonstoun zwar gelernt, wie man Feuer löscht und in Seenot geratene Menschen rettet, habe aber, so sein Eindruck, die Schule als Analphabet verlassen. Hahn habe zu wenig Wert auf akademische Bildung gelegt.

Die Zeiten hatten sich geändert. Früher spielte es für die künftige Laufbahn eines Schülers eine geringe Rolle, wie sein Abitur ausfiel. Daher mussten Schüler nicht betrügen, um ihre Chancen zu verbessern. Es hing auch damit zusammen, dass die Eltern der Salemer Schüler weitgehend der Oberschicht angehörten. Ihre berufliche Karriere war gesichert.

Der zunehmende Materialismus der Wirtschaftswunderjahre strapazierte die Moral der Menschen und blieb nicht ohne Wirkung auf die Salemer Schüler. Viele Eltern zählten zu einer Generation von Aufsteigern. Sie folgten nicht immer dem Ethos, wahrhaftig um der Wahrhaftigkeit willen zu handeln. Sie pflegten ein Nützlichkeitsdenken, das auch heute vorherrscht. Familien der Oberschicht hatten sich eher moralisch verhalten können, weil sie sich nicht von unten nach oben durchboxen mussten. Zum Lebensstil gehörte das Wissen darum, »what is done and what is not done«. Da gab es natürlich viel Scheinheiligkeit und doppelte Moral.

Obwohl sich das Verhalten der Salemer Schüler gewandelt hatte, blieb Salem sich treu. Das Ethos der Ehrlichkeit hatten die Mitarbeiter der Schule nicht nur bewahrt, sie hatten es im Alltag gelebt, auch unter den erschwerten Bedingungen der Nachkriegszeit. Ich war beeindruckt von dieser Haltung und ließ mich überzeugen, dass wir nicht allein durch Kontrolle und Strafe, auch nicht durch naives Vertrauen die Schüler zu ehrlichen Menschen erziehen konnten. Durch das Zusammenleben im Internat hatten wir die Zeit, die Schüler für die Frage der Wahrhaftigkeit zu sensibilisieren. Das bedeutete viele, heftige Konflikte und keine Kompromisse in Wahrheitsfragen.

Die Verfassung der Schülermitverwaltung sah Gremien aus Erwachsenen und Schülern vor, die zusammentraten, um die Wahrheit in Verdachtsfällen herauszufinden. Diese Gremien waren von Kurt Hahn eingeführt, aber in den siebziger Jahren demokratisiert worden. Als Institution der Wahrheitsfindung glichen sie einem kleinen Gerichtshof. Es gab Angeklagte, Kläger und Verteidiger. Richter blieben die Erwachsenen. Wir dürfen Schüler nie in die Lage versetzen, über Mitschüler richten zu müssen.

Diese Gremien tagten häufig. Es gab leider viele Anlässe, die Wahrheit herausfinden zu müssen. Schüler lieben es, Streiche zu planen oder Abenteuer zu erleben. Nachts aus dem Fenster auszusteigen und das Internatsgelände zu verlassen galt als Mutprobe. Meistens waren die Unternehmungen harmlos, manchmal aber auch nicht. Eines Morgens erhielt ich einen Anruf, dass Schüler nachts in die Disco einer benachbarten Stadt gefahren waren und sich dort nicht gut benommen hatten. Wer war beteiligt? Wer war der Anführer? Es begann ein Prozess der Wahrheitsfindung.

Oder ein Schüler wurde ausgegrenzt, ein regelmäßig wiederkehrendes Phänomen in Gemeinschaften von Jugendlichen. Wer steuerte die Ausgrenzung, wer beteiligte sich, wer wusste davon und griff nicht ein?

Diebstähle aufzuklären war deswegen so entscheidend, weil es die Stimmung der Schüler drückte, wenn sie ihre Sachen nicht mehr offen im Zimmer liegen lassen konnten. Es war weniger das Eigentumsdelikt, das sie aufregte, es war der Vertrauensverlust in der Gemeinschaft. Wir scheuten keine Mühe und keinen Aufwand, um die jungen Menschen zu bewegen, genau zu antworten und ehrlich zu ihren Taten zu stehen.

Unsere besten Mitstreiter für die Wahrhaftigkeit waren die Schülervertreter in den »Gerichtshöfen«, die ausdauernd, mal geschickt, mal weniger geschickt, die Täter zu bewegen suchten, sich freiwillig zu ihrer Tat zu bekennen. Wir verlangten nie, dass ein Schülervertreter den Namen eines Täters mitteilte, wenn er ihn kannte.

Dieses wöchentliche Ringen um die Wahrheit hatte eine ebenso starke Wirkung auf die Haltung der jungen Menschen wie die praktizierte Ehrlichkeit der frühen Jahre. Das alte Salem war eine Insel gewesen. Golo Mann sagte mir einmal, er und seine Mitschüler seien damals zu idealistisch erzogen und zu wenig auf das Böse in der Welt vorbereitet worden. Das neue Salem bereitete realistischer auf das Leben vor. Die Schüler erfuhren aber im alten und im neuen Salem, dass es lohnt, sich um Ehrlichkeit zu bemühen und sich für das für Recht Erkannte einzusetzen – auch wenn sie dabei immer wieder scheitern. Scheitern galt im alten Salem als ein Versagen, das sich ein Mitglied der Elite nicht leisten durfte, im neuen Salem durfte ein Schüler scheitern und dieses Scheitern zum Anlass nehmen, besser zu werden.

Es gibt Bereiche, in denen wir die Bemühung um Ehrlichkeit von Schülern überfordern. Der Umgang mit ungesetzlichen Drogen ist ein solcher Fall. Kriminelle Machenschaften sprengen den Horizont jugendlicher Charakterstärke. Selbst Erwachsene können sie kaum aufbringen, vor allem wenn die Ursache von Drogenkonsum in psychischer Labilität zu suchen ist. Deswegen haben wir bei Drogen auf Kontrolle gesetzt.

Salem wird immer stark bleiben, wenn es den Primat der Charakterbildung gegenüber der akademischen Bildung wahrt und dem Lernen durch Erfahrung mehr Raum gibt als dem Lernen durch Belehrung. Junge Menschen in ihrem Selbstwertgefühl zu stärken und sie darin zu üben, für sich und andere Verantwortung zu übernehmen und das für Recht Erkannte durchzusetzen, ist in meinen Augen die zeitlose Botschaft der Gründer Salems und bleibt Salems Botschaft auch in Zukunft. Nur so können die Schüler erfahren, dass die Voraussetzung für ein gutes Leben Ehrlichkeit ist.

Warum Schule zum Lügen verführt

Wenn ich mir unser Schulsystem heute ansehe, komme ich zu dem Schluss: Wer als ehrlicher Mensch die Schule verlassen will, muss sie als ehrlicher Mensch betreten. Denn die Schule lehrt nicht nur die Inhalte der Lehrpläne. Sie hält geheime Lehrpläne bereit, die anderes lehren als die offiziellen Vorgaben. Sie lehrt, wie man lügt und betrügt.

Ein Junge rang jahrelang in der Mittelstufe des Gymnasiums ums Überleben. Mathematik drohte zum Sargnagel zu werden. Da weder Nachhilfe noch Angst vor einer drohenden Nicht-Versetzung seine Leistungen steigerten, beschloss er, seine schulischen Probleme anderweitig zu lösen. Ein- oder zweimal pro Woche kam er früher zur Schule, um die Hausaufgaben von einem Mitschüler abzuschreiben. Ihm war klar, dass er betrog. Er sah darin aber seine einzige Überlebenschance. Sein schulischer Alltag wurde von der zusätzlichen Sorge belastet, seine Mogelei könnte auffliegen.

Sein Verhalten war nicht originell. Er folgte einem Brauch, den Generationen von Schülern gepflegt hatten. Die einen schummelten aus Angst wie er, andere machten daraus einen Sport. Die Gewohnheit, abzuschreiben und abschreiben zu lassen, entwickelte eine eigene Ethik. Ein Streber kann sein Image verbessern, wenn er großzügig abschreiben lässt; ihm wird dann verziehen, dass er durch sein angepasstes Verhalten die Preise verdirbt. Wer abschreibt, muss den Eindruck vermeiden, dass er nur zu faul ist und deswegen als Parasit betrachtet wird. Man muss Hilfsbedürftigkeit durch andere Tugenden kompensieren, um erfolgreich abschreiben zu können.

Er brachte es zu einiger Fertigkeit, die richtige Mitte zu finden. Er konnte in keinem Fach Hilfe bieten, weil er überall schlecht war. Er wurde aber gern gelitten, weil er zuhören und geschickt bei Streitigkeiten vermitteln konnte. Außerdem dosierte er klug seine Anfragen um Gefälligkeiten.

Dieser Schüler war ich.

Schule ist ein Abbild der Gesellschaft. Sie verspricht Gerechtigkeit – gerechte Lernbedingungen, gerechte Förderung und gerechte Leistungsbewertung –, erzeugt aber fortwährend Ungerechtigkeit. Denn Gleichbehandlung gilt in der verwalteten Schule als

Gerechtigkeit, weil sie von der Prüfungsordnung her denkt. Dächte sie vom Schüler her, würde sie jeden Schüler seiner individuellen Begabung und Situation gemäß behandeln. Sie verführt daher Schüler, die durch die Gleichbehandlung entstehenden Nachteile durch Betrug wettzumachen.

Nicht nur Ungerechtigkeit versuchen Schüler auszugleichen. Schule ist leider oft ein Ort der Langeweile, der Fremdbestimmung, sie erzeugt Angst, sie grenzt aus oder tötet die natürliche Neugier von Kindern. Fortwährend versuchen Schüler, durch Schummeln und Mogeln Arbeit zu vermeiden. Sie entwickeln Strategien, um ungeliebte Inhalte der Lehrpläne zu umgehen, sie täuschen die Erfüllung von Pflichten vor und schwänzen Unterricht. Sie erfinden phantasievolle Ausreden, um sich nicht anstrengen zu müssen, gaukeln Lehrern Interesse vor und schlagen vor allem der Langeweile ein Schnippchen, indem sie phantasievoll das System austricksen. Das Internet hat neue Dimensionen des Betrugs geschaffen. Es ist ein praktisches Medium, mit dem Schüler die Ungleichheiten der Begabungen durch das Plagiieren von Texten kompensieren. Das Unrechtsbewusstsein tendiert dabei gegen null.

Das ist übrigens eine häufige Wirkung von Schule: Jugendliche lernen nicht das, was die Lehrpläne vorsehen, aber sie erwerben nützliche Fertigkeiten für ihr künftiges Leben. Sie lernen, den

Zweck von Schule ins Gegenteil zu verdrehen. Das macht sie lebenstüchtig. Oder wie Bertolt Brecht es in seinem Buch *Flüchtlingsgespräche* formulierte: »Der Schüler lernt alles, was nötig ist, um im Leben vorwärts zu kommen. Es ist dasselbe, was nötig ist, um in der Schule vorwärts zu kommen. Es handelt sich um Unterschleif, Vortäuschung von Kenntnissen, sich ungestraft zu rächen, schnelle Aneignung von Gemeinplätzen, Schmeichelei, Unterwürfigkeit, Bereitschaft, seinesgleichen an die Höherstehenden zu verraten usw. usw.«[3]

Allerdings lernen junge Menschen auch nützliche Fertigkeiten, die im Lehrplan nicht vorgesehen sind. Es gehörte zu meinen Aufgaben als Leiter von Salem, wohlhabende Menschen davon zu überzeugen, Geld für Stipendien zu stiften. Die Fähigkeit, mir Menschen gefällig zu machen, hatte ich eingeübt, als ich in der Schule Mitschüler gewinnen musste, geistiges Eigentum an mich abzugeben.

So wie Schule heute noch arbeitet, bereitet sie junge Menschen auf eine Gesellschaft vor, die voller Lug und Trug ist. Die Schüler erfahren im Schulalltag, dass der Ehrliche der Dumme ist. Die Praxis des Lügens und Betrügens in der Schule lässt sich erklären. Schule beruht schon immer auf der Vorstellung,

---

3   Bertolt Brecht, *Flüchtlingsgespräche* (Auszug), in: ders., Werke. Große kommentierte Berliner und Frankfurter Ausgabe, Band 18: Prosa 3. © Bertolt-Brecht-Erben/Suhrkamp Verlag 1195.

dass alle gleich begabt, gleich selbstdiszipliniert, gleich neugierig und gleich psychisch stabil sind. Daraus ergibt sich die weitere Fiktion, dass alle, die von denselben Lehrern und nach denselben Methoden unterrichtet werden, dieselben Prüfungen bestehen können. Aber nur ein Teil der Schüler erfüllt die Erwartungen. Andere scheitern, weil ihre Begabung, ihr Lerntempo oder ihre Vorbildung den Anforderungen nicht entspricht. Da die Schule auf »Andersartigkeit« keine Rücksicht nimmt, korrigieren die Schüler die Ungleichheit der Lernbedingungen durch Betrug. Es ist für viele der einzige Weg, sich bilden zu können. Denn der Staat definiert durch seine Prüfungsordnungen, wann jemand als gebildet gelten darf. Von diesem staatlich beglaubigten Bildungsstand hängt der Erfolg im Leben ab.

Das System Schule reagiert auf Betrug mit Kontrolle und Strafe. Viel Aufsicht, dauernde Präsenz von Erwachsenen, fortwährende Ermahnung, nicht endende Konflikte zwischen Lehrern und Schülern, Misstrauen, Angst und Demütigung prägen den Alltag von Schulen. Es ist immer Schwäche, die Lügen erzeugt. Eine zentrale Schwäche der Schule ist es, dass Schüler mehr Objekte der Belehrung und zu wenig Subjekte selbständiger Tätigkeit sind.

Auch die Rolle des Lehrers ist belastet. Er soll die Schüler durch Unterricht in ihrem Selbstwertgefühl stärken. Zugleich muss er ihre Leistungen kontrollieren und bewerten. Er ist also ihr Freund und Helfer, aber auch der mächtige Lenker ihres schulischen Schicksals. Erschwert wird seine Aufgabe dadurch, dass er täglich die Qualität der Leistungen von Schülern in messbare Größen, das heißt, in Noten übersetzen muss. Diese »Übersetzung« ist sehr subjektiv, darüber sind sich alle einig. Die Noten schaffen also, wie bereits beschrieben, nur eine Scheinobjektivität – auch eine der Lügen im Schulbetrieb. Deswegen fordern viele Lehrer, Noten abzuschaffen, weil ihr Nutzen in keinem Verhältnis zu dem Schaden steht, den sie anrichten. Auf jeden Fall erzeugen Noten täglich bei den Schülern das Gefühl von Intransparenz und Ungerechtigkeit.

Schulen müssen sich ändern. Sie müssen sich mit dem Leistungsbegriff unserer Gesellschaft auseinandersetzen. Solange Erfolg von messbaren Leistungen und nicht von individueller Anstrengung abhängt, bleibt der Druck in der Schule bestehen, die Schulleistungen durch Betrügerei zu verbessern. Unter den Reformschulen haben nur die Waldorfschulen den Mut, ein dem einzelnen Schüler gemäßes Leistungsdenken zur Grundlage der Bewertung zu machen. Dafür werden sie vielfach gescholten. Sie übertreiben dieses Prinzip vielleicht, aber die Richtung stimmt.

Das Betrügen ist nicht nur gängige Praxis in den

Schulen, sondern an Hochschulen leider auch. Die Universität Bielefeld hat im Auftrag des Bundesbildungsministeriums drei Jahre lang empirisch untersucht, in welchem Umfang Studenten in Prüfungen abschreiben, aus dem Internet Texte übernehmen, ohne sie zu kennzeichnen, oder sich von anderen Personen Referate oder Hausarbeiten verfassen lassen. Das Ergebnis wurde 2012 in *ZEIT Campus* Nr. 5 veröffentlicht: »79% aller Studenten haben innerhalb eines Semesters einmal abgeschrieben oder anders geschummelt, zwei Drittel aller Mediziner schreiben in Klausuren ab, 35% der Naturwissenschaftler fälschen oder verändern im Studium ihre Messergebnisse.« In dem Artikel heißt es auch, dass Dozenten wenig kontrollieren, weil Kontrollen und folgende Strafen die Beziehung zu den Studenten zu sehr belasten.

Das System Schule richtet wenig Schaden an, solange Kinder und Jugendliche in Familien aufwachsen, deren Lebensgrundlage Wahrhaftigkeit ist. Für moralisch ungefestigte Kinder dagegen wird Schule zur Schule des Mogelns und Tricksens.

Wie können Kinder durch Bildung
ehrlicher werden?

Schule muss ihren Begriff von Bildung ändern, wenn sie zur Ehrlichkeit erziehen will. Bildung erfolgt durch Belehrung, das ist trotz gegenteiliger Beteuerungen immer noch die Schulwirklichkeit. Durch Belehrung aber werden Jugendliche nicht ehrlicher. Welche Bildung brauchen wir, damit Kinder zu ehrlichen Menschen heranwachsen? Welche Rolle spielt dabei die Familie, welche Rolle die Schule?

Der Kleine warf »ein Geschirr auf die Straße und freute sich, dass es so lustig zerbrach«. Unter dem Beifall der Nachbarsbuben fuhr er fort, alles ihm Erreichbare hinauszuschleudern, bis jemand »erschien ... zu hindern und zu wehren«. Er wuchs in einem großen, mit Büchern, alten Stichen und stilvollen Möbeln gefüllten Haus auf, er erkundete mit der Schwester die bunte, geschichtsträchtige Umgebung, Feste wurden gefeiert, die gütige Großmutter »setzte ... allen ihren Wohltaten die Krone auf, indem sie uns ein Puppenspiel vorstellen ließ, und so in dem Haus eine neue Welt erschuf«. Die Kinder nahmen teil an dem lebhaften Treiben der Nachbarn, der strenge Vater unterrichtete den Knaben, die Mutter, »stets heiter und froh«, begleitete sein Aufwachsen mit ausgleichender Freundlichkeit. Krankheit und Tod begegneten ihm früh, er erfuhr, in der Schule ausgegrenzt zu werden, drei Geschwister starben in frühen Jahren, Berichte über das Erdbeben in Lissabon nahmen dem Sechsjährigen seinen Kinderglauben – so etwa beginnt Johann Wolfgang von Goethe die Beschreibung seiner ersten Jahre in »Dichtung und Wahrheit«, seiner zwischen 1808 und 1831 entstandenen Autobiographie. Wir erfahren, wie er sich willkommen fühlte in dieser Welt, wie unbekümmerte Neugier ihn trieb und wie ihn alles bildete, was ihm begegnete, Menschen, Ereignisse und Sachen. Die glücklichen Bedingungen seiner Anlagen und seines Aufwachsens ließen ihn zu einem Menschen heranwachsen, der immer mehr in sich ruhte.

Solche Bildung unterscheidet sich gewaltig von der dürren Bildung, die in akademischer Exzellenz ihre Bestimmung sieht und heute unsere Schulen dominiert. Die Familie erzieht, die Schule bildet. Diese sehr deutsche Unterscheidung galt für Goethe nicht. Sein Selbstwertgefühl wuchs aus der Buntheit seiner Erfahrungen, aus der freundlichen Zuwendung vieler Menschen und aus den Vorbildern, die er bewunderte. Es gab auch Phasen der Belehrung. Sie beherrschten aber nicht seinen Bildungsgang.

Goethe hat in seiner Kindheit zwei Erfahrungen gemacht: Er hat in seinem Elternhaus das Urvertrauen gewonnen, das zu einer ehrlichen Haltung führt. Und er wuchs in der Tradition seiner Familie, seiner Stadt und seiner Kultur auf, die das Rückgrat seiner Moral bildete.

Ich habe Kinder erlebt, die sich wie Goethe willkommen fühlten in der Welt und die daher ehrlich zu sich ja sagen konnten. Sie blieben sich treu und konnten »nicht falsch sein gegen irgendwen«. Aber leider habe ich auch Kinder erlebt, die sich schwertaten, ja zu sich zu sagen, und die früh begannen, sich und anderen etwas vorzumachen. Und es waren nicht wenige.

Ich erinnere mich an ein Mädchen, das uns faszinierte. Sie war schön, vital und klug, aber unfähig, Vertrauen zu Menschen aufzubauen. Wir nahmen sie auf, weil uns ihre unglückliche Lebensgeschichte berührte, aber auch, weil sie eine eigene Ausstrahlung besaß. Sie kam zu uns mit fünfzehn Jahren, ihre Eltern brachten ihr Leben nicht auf die Reihe, deswegen wurde sie früh in ein Heim gegeben. Entsprechend bindungsarm ging sie ihren Weg, konnte aber aufgrund ihrer Begabung das Gymnasium besuchen.

Wir strengten uns sehr an, ihr Vertrauen zu gewinnen. Ihre Antwort war Misstrauen, sie log eigentlich permanent, weil sie es nicht anders kannte. Eine Lehrerin, mit Herz und Verstand Kindern zugetan, die zugleich ihre Erzieherin im Internat war, nahm sich ihrer mit Fürsorge, aber auch mit Strenge an. Sie wurde von anderen Lehrern unterstützt. Alle scheiterten.

Als sie achtzehn wurde, verschwand sie. Dreißig Jahre später hat sie mich besucht. Eine gebrochene Frau von fast fünfzig Jahren stand vor meiner Tür. Sie hatte sich durchs Leben gemogelt, niemandem Böses getan, aber auch zu niemandem Vertrauen gefasst. Sie kannte nur die Kategorien »nützlich« und »schädlich«, sie kannte nicht das Vertrauen ohne Hinterabsichten. Es war ihr immer noch nicht zu helfen.

Diese Erfahrung hat mir bestätigt, dass wir Jugendliche sehr viel schwerer zur Ehrlichkeit erziehen können, wenn sie in der Kindheit nur in Ansätzen erfahren durften, angenommen zu sein. Jugendliche, denen das Glück des Urvertrauens nicht zuteilwurde, werden auf Vertrauen nicht mit Vertrauen reagieren. Sie brauchen trotzdem Vertrauen, aber ein Vertrauen, das verbunden ist mit enger Führung, mit einem klaren Rahmen und mit – leider – viel Kontrolle. Die Erziehenden müssen die Gelegenheiten, das Vertrauen zu enttäuschen, auf ein Minimum reduzieren. Denn Gelegenheit macht Diebe.

Goethe bleibt eine Ausnahmeerscheinung, weil diese Kombination von Begabung, Ausstrahlung und glücklichen Umständen des Aufwachsens singulär ist. Die Mehrzahl der Menschen wächst in einer Mischung von glücklichen und unglücklichen Bedingungen auf. Goethes Aufwachsen darf uns Pädagogen als Ideal dienen; das Mädchen, das sich in der Lüge eingerichtet hatte, repräsentiert eine unglückliche Minderheit, die uns die Grenzen von Bildung zeigt.

Wie bilden sich Kinder und Jugendliche, die ein bisschen Urvertrauen gewonnen und einige glückliche Bedingungen des Aufwachsens erfahren haben? Ihnen können wir Pädagogen, Eltern, Lehrer und Erzieher weiterhelfen, wenn es uns gelingt, dem zarten Pflänzchen des Selbstvertrauens das Umfeld zu bieten, das es zu einem Strauch oder gar Baum heranwachsen lässt.

Wer Kinder bilden will, muss Wege suchen, wie man ihr Selbstwertgefühl stärken kann. Denn Menschen mit Selbstvertrauen wird das Glück zuteil, alles in ihrer Umwelt zum Anlass nehmen zu können, um sich zu bilden. Selbstwertgefühl entwickeln Menschen, wenn sie Anerkennung bekommen. Kinder brauchen die Anerkennung ihrer Person und ihrer Leistungen durch Erwachsene und Gleichaltrige. Also ist es die Aufgabe von Eltern, Erziehern und

Lehrern, Gelegenheiten zu schaffen, in denen Kinder solche Anerkennung erhalten können.

Sie müssen erfahren, wie beglückend es ist, wenn ihnen eine Sache, die sie sich vorgenommen haben, gut gelingt. Damit dies gewährleistet wird, müssen Erwachsene sie dabei begleiten, ihnen aber auch abverlangen, dass sie sorgfältig arbeiten und die betreffende Sache zu Ende bringen. Gut gelingt uns alles, was wir mit Leidenschaft tun. Wir müssen Kindern daher helfen, ihre »Grande Passion« – wie es Kurt Hahn so treffend formuliert hat – entdecken zu können.

Was können wir Eltern raten, und wie soll sich die Institution Schule ändern, um Kinder zu ihrer Grande Passion zu verhelfen und damit ihr Selbstwertgefühl zu stärken?

Schule sollte ihren Begriff von Bildung daran orientieren, wie Goethe sich bildete. Es gibt Schulen, die sich darum bemühen. Dazu zählen reformpädagogisch inspirierte Schulen. Unter Reformpädagogik fasst man eine breitgefächerte Bewegung zusammen, die Anfang des 20. Jahrhunderts entstand und zum Ziel hatte, Schule neu zu denken. In den ersten Jahrzehnten des 20. Jahrhunderts nahmen verschiedene Varianten von reformpädagogisch inspirierten Schulen Gestalt an. Dazu gehörten Montessori-Schulen, Waldorfschulen und Landerziehungsheime. Diese

Schulen denken nicht von der Prüfungsordnung her, sondern »vom Kinde her«. Das bedeutet: Lehrer fördern Kinder nicht nur intellektuell, sondern sie fördern auch die sozialen, musischen, handwerklichen und sportlichen Fähigkeiten der Kinder; sie haben den ganzen Menschen im Blick. Die Selbsttätigkeit der Kinder liegt ihnen am Herzen, ebenso deren Bereitschaft, Verantwortung für sich und andere zu übernehmen. Die Kinder sollen die Gemeinschaften mitgestalten, in denen sie leben und lernen, und in der Tradition der Kultur, der Bildung und der Moral ihrer Vorfahren aufwachsen. Sie sollen die Praxis eines guten Lebens erfahren.

Diese Schulen sehen die Beziehung von Lehrern zu Schülern nicht nur als Unterrichtsbeziehung. Lehrer sind nicht nur Wissensvermittler. Sie sind auch Theaterregisseure, Trainer, Dirigenten, Berater, Freunde, Helfer in sozialen Projekten, Feuerwehrhauptleute in Schülerfeuerwehren, Köche, Schachspieler, Politiker – sie übernehmen eine Vielzahl von Rollen, die eine Gesellschaft bereitstellt.

Besorgte Eltern hatten uns ihre vierzehnjährige Tochter anvertraut. Ihre schulischen Leistungen hatten dramatisch nachgelassen, und sie hatte begonnen, sich in der Klasse frech und vorlaut zu verhalten. Die Fürsorge der Eltern hatte sich seit Jahren auf zwei behinderte Geschwister, Zwillinge, konzentriert. Die Kindheit des Mädchens war daher von der Erfahrung geprägt, immer zurückstecken zu müssen. Die Eltern schickten sie zu uns ins Internat, weil sie glaubten, dass sie sich bei uns unabhängiger entwickeln könne.

Sie besaß wenig Selbstvertrauen, ihre schulischen Leistungen waren trotz guter Begabung auch bei uns weiterhin kläglich, ihr Verhalten blieb auffällig. Ihre Erzieherin konnte sie überreden, sich bei der Theatertruppe zu melden. Der betreuende Lehrer erkannte ihre Begabung, aber auch ihr mangelndes Selbstwertgefühl. Sie erhielt eine tragende Rolle, sie brillierte als Schauspielerin. Zum ersten Mal fühlte sie sich vorbehaltlos anerkannt vom regieführenden Lehrer, aber auch von ihren Mitspielern und nicht zuletzt vom Publikum. Sie stand im Mittelpunkt. Sie lebte auf, ihr erwachendes Selbstwertgefühl strahlte auf ihr gesamtes Verhalten aus. Ihre schulischen Leistungen wurden allmählich besser. Sie musste nicht mehr dauernd auf sich aufmerksam machen.

Das oberste Ziel der reformpädagogischen Bewegung lautet immer, Kinder in ihrem Selbstwertgefühl zu stärken. Damit schaffen diese Schulen die Voraussetzungen, um Kinder zu ehrlichen Menschen zu erziehen.

Besondere Merkmale charakterisieren solche

Schulen. An erster Stelle nenne ich Zeit. Bildung braucht Zeit – Zeit, um sich auf andere Menschen einzulassen, um vielfältigen Tätigkeiten nachzugehen, um im Wechsel von Aktivität und Ruhe zu sich selbst zu finden. Junge Menschen sollten daher den ganzen Tag in die Schule gehen.

Außerdem brauchen Kinder Gemeinschaften von Erwachsenen und Gleichaltrigen. Denn dort können sie die Anerkennung für ihre Person und ihre Leistungen bekommen, die sie zur Entwicklung ihres Selbstwertgefühls brauchen. Den Nutzen und die Notwendigkeit von Ehrlichkeit erfahren sie nur in Gemeinschaften. Tugenden wie Ehrlichkeit müssen geübt werden. Hirnforscher weisen darauf hin, dass im Gehirn neuronale Pfade angelegt werden müssen. Ehrlichkeit sollte zur Selbstverständlichkeit werden. Kinder und Jugendliche sollten daher Ehrlichkeit in häufig wiederkehrenden Konfliktsituationen einüben können. Aus den beglückenden Erfahrungen, die Ehrlichkeit erzeugt, sollte ein tiefverankertes Handlungsmuster werden.

Ich kann darauf verzichten, Schulen vorzustellen, die eine Vielzahl der hier genannten reformpädagogischen Ansätze umsetzen, weil das Internet auf diesem Gebiet eine segensreiche Wirkung entfalten kann. Wenn Sie »Deutscher Schulpreis« oder »Blick über den Zaun« eingeben, können Sie solche Schulprojekte kennenlernen. Die Vitalität pädagogischer

Praxis wird hier sichtbar. Diese Schulen sind auch ein Beispiel für die Fähigkeit unserer Gesellschaft, sich zu erneuern.

Wenn Schule Bildung so begriffe, würde sie das Lügen überflüssig machen. Denn Schüler bräuchten ihre individuellen Defizite nicht mehr durch Betrug auszugleichen. Das heißt natürlich nicht, dass Schüler an reformpädagogisch orientierten Schulen nicht mehr lügen. Aber das systembedingte Lügen würde sich reduzieren. Ebenso stiegen die Chancen, dass mehr Schüler in der Schule ihr Selbstwertgefühl stärken könnten, sich weniger mit anderen vergleichen würden und dadurch ihre Schwächen weniger durch Lügen kompensieren müssten.

Der Wille zu Wahrhaftigkeit ist so elementar wie der Lebenswille

Die Epoche der Aufklärung hat uns gelehrt, welche fundamentale Bedeutung Wahrhaftigkeit im Leben der Menschen besitzt. Ohne den Glauben an den absoluten Wert der Ehrlichkeit sind wir verloren. Die Bemühung um Wahrhaftigkeit ist wie eine feste Burg, die uns Sicherheit bietet und uns vor Lügen schützt.

Die historische Bewegung der Aufklärung ist die späte Konsequenz des Glaubens an den absoluten Wert der Wahrhaftigkeit. Die Menschen entdeckten damals, dass sie in einem entscheidenden Punkt unwahrhaftig waren, nämlich wenn es um den Sinn ihres Lebens ging. Sie hatten diesen Sinn in ein unzugängliches Jenseits verlegt. Sie hatten ihren Verstand abgegeben. Der Verstand konnte und durfte aber nicht länger als wahr hinnehmen, was seinem prüfenden Blick nicht standhielt.

Der Verstand hielt an dem absoluten Wert der Wahrhaftigkeit fest. Denn dem Glauben an diesen

Wert hatten die Menschen zu verdanken, dass sie sich von der Vormundschaft der Kirchen befreien konnten.

Wahrhaftig zu sein ist die Bestimmung des Menschen. Der Wille zur Wahrhaftigkeit ist so elementar wie der Lebenswille. Einzelnes Leben kann durch Krankheit oder Bosheit eingeschränkt oder vernichtet werden. Das Leben aber geht weiter. So ist es auch mit der Wahrhaftigkeit. Die Lüge ist nur eine unerklärbare Verirrung und entfernt den Menschen von seiner Bestimmung.

Die Aufklärer riefen daher dazu auf, sich des eigenen Verstandes zu bedienen. Für Immanuel Kant war das vor allem eine Frage des Mutes. Wir vertrauen seitdem auf die Macht von Aufklärung, wenn Lügen und Verleumdungen uns heimsuchen. Wir bringen aber nicht immer den Mut auf, die Aufklärung zu betreiben und für das als wahr Erkannte mutig einzutreten.

Das Vertrauen in die Macht der Aufklärung gibt uns Menschen Zuversicht und stärkt unsere Hoffnung, in einer ungerechten Welt Gerechtigkeit erlangen zu können. Gerechtigkeit wiederum setzt den Glauben voraus, dass sich die Wahrheit über einen als ungerecht empfundenen Sachverhalt herausfinden lässt. Deswegen klagen wir vor Gericht, wenn wir Unrecht erfahren. Oder wir vertrauen auf die Medien, dass sie die Machenschaften von Betrügern oder die Lügen einer autoritären Führung anprangern.

Ein ehrliches Eingeständnis ist der erste Schritt, mit einer Schuld fertig zu werden. Das ist die segensreiche Wirkung der Beichte. Sigmund Freud entdeckte ihre weltliche Variante: Menschen können sich von Neurosen befreien, die oft durch übertriebene Schuldgefühle ausgelöst werden, wenn sie verdrängte Ereignisse ihrer Biographie offenlegen. Die Lust an Kriminalgeschichten ist dem Gefühl der Befriedigung zu verdanken, das den Leser erfüllt, wenn er an der Aufklärung eines Verbrechens teilnehmen darf. Der demokratische Rechtsstaat garantiert uns, dass wir klagen oder dass Journalisten die Lügen der Lügner öffentlich machen können. Er ist aber darauf angewiesen, dass Menschen aktiv werden, wenn sie durch Lügen verursachtes Unrecht entdecken. Wo kein Kläger ist, da ist auch kein Richter.

Die Sehnsucht nach Aufklärung erfüllt schon Kinder. Viele Märchen befriedigen diese Sehnsucht, weil immer eine Figur vorkommt, die die Wahrheit kennt, oder Umstände eintreten, die durch Aufklärung Gerechtigkeit möglich machen. Aschenputtel, Schneewittchen und andere wurden erlöst, nachdem die Wahrheit über ihre Herkunft und ihre Bestimmung ans Licht kam. Jugendliche erwarten von Lehrern, dass sie für Gerechtigkeit sorgen. Ihr Ansehen hängt ganz wesentlich davon ab, wie sie das Bedürfnis nach Gerechtigkeit befriedigen können. Und Gerechtigkeit setzt eben immer Aufklärung voraus.

Historiker bemühen sich, die Wahrheit über historische Ereignisse herauszufinden. Sie rehabilitieren die Guten durch Aufklärung über die wirklichen Vorgänge und verbreiten ihren Ruhm, die Bösen werden als Verbrecher entlarvt. Wir hoffen, dass Menschen Zeit und Kraft aufwenden, die Holocaust-Leugnung zu bekämpfen oder die türkische Regierung davon zu überzeugen, dass der Tod von über einer Million Armeniern im Ersten Weltkrieg Völkermord war. Die Ehrlichkeit, mit der die Deutschen in den letzten drei Jahrzehnten ihre Geschichte aufarbeiten, ist eine Tugend, die sie wohltuend unter den Nationen hervorhebt.

Die historische Forschung über Recht und Unrecht im Nationalsozialismus ist der letzte Dienst, den wir den Opfern des Systems erweisen können. Die Verbrecher müssen genannt und ihre Verbrechen beschrieben werden, ebenso die Taten der Kämpfer für Wahrheit und Gerechtigkeit, damit wir uns ihrer bewundernd und verehrend erinnern können.

Die Wahrhaftigkeit unserer Freundschaften, unserer Ehen, unserer Lebensgemeinschaften und unserer beruflichen Zusammenarbeit ist für viele von uns die feste und einzige Basis, die uns erlaubt, ein sinnerfülltes und glückliches Leben zu führen.

Als ich noch Schulleiter in Salem war, geriet ich eines Tages unversehens in einen belastenden Konflikt mit einer Schülerin. Konflikte dieser Art ließen mich erfahren, wie schnell Ehrlichkeit zum Prüfstein einer Beziehung werden kann.

Bei einem Waldspaziergang traf ich auf eine Gruppe von fünfzehnjährigen Schülerinnen, die sich an einem beliebten Treffpunkt nach dem Mittagessen versammelt hatten. Als ich mich näherte, glaubte ich deutlich gesehen zu haben, dass ein Mädchen geraucht hatte, was streng verboten war. Ich sprach sie darauf an. Zu meinem Erstaunen erwiderte sie mit klarem Blick und ohne Zögern, sie habe nicht geraucht. Da Aussage gegen Aussage stand, bat ich sie, eine Nacht darüber zu schlafen und am nächsten Morgen zu mir zu kommen. Ich würde als wahr akzeptieren, was sie mir dann mitteilen werde.

Sie kam am nächsten Morgen und beteuerte, sie habe nicht geraucht. Die auf dem Boden liegende Kippe stamme nicht von ihr. Ich akzeptierte ihre Aussage, wie ich es angekündigt hatte. Ich vertraute ihr. Die anderen Mädchen als Zeuginnen zu befragen kam nicht in Frage. Wir dürfen als Lehrer und Erzieher, wie schon gesagt, Schüler nie auffordern, über ihre Mitschüler belastende Aussagen zu machen.

Der Anlass, der die Frage der Ehrlichkeit ins Spiel brachte, war geringfügig. Mein anfänglicher Zweifel an der Wahrhaftigkeit der Aussage des Mädchens machte jedoch aus einer harmlosen Begegnung ein für unsere Beziehung bedeutsames Ereignis. Für mich war sofort klar, dass es für das Mädchen und mich entscheidend war, ob ich ihrer Aussage Glauben schenken würde. Der Umgang mit der Wahrheit entscheidet über die Qualität einer Beziehung, so habe ich es immer wieder erfahren. Eine Lüge kann eine gute Beziehung plötzlich aus dem Lot bringen, weil sie die Grundlage der Beziehung, das Vertrauen, gefährdet.

Das gilt nicht nur für die Welt der Pädagogik. Wir alle werden täglich, manchmal mehrmals am Tag, mit der Frage nach der Wahrheit konfrontiert. Mangelnde Ehrlichkeit kann störend, ja zerstörend wirken, selbst wenn die Unehrlichkeit nicht bemerkt wird. Denn auch unentdeckte Lügen wirken fatal. Der freche Lügner fühlt sich ermutigt, weiter zu lügen; der sensible Lügner, der an seiner Lüge leidet, wird Schuldgefühle entwickeln, die ihn und seine Beziehung zum Opfer seiner Lüge belasten.

Ich bin mir bis heute sicher, dass meine Entscheidung, dem Mädchen zu glauben, richtig war. Wir können unseren Glauben an die Wahrheit einer Aussage nicht davon abhängig machen, dass sie beweisbar ist. Ja, wir müssen bereit sein, eine Aussage zu glauben, auch wenn Indizien dagegen sprechen.

Einem fünfzehnjährigen Jungen, der des Diebstahls bei einem Mitschüler verdächtigt wurde und der seine Unschuld beteuerte, sie aber nicht beweisen konnte, glaubte ich. Ich folgte meiner damals erstaunlich sicheren Intuition nach einem Gespräch mit dem Jungen. Der wirkliche Täter bekannte sich später zu dem Diebstahl und bestätigte mein Vertrauen. Diese Begegnung mit dem Jungen und die existentielle Bedeutung des Vorgangs, erzeugt durch die Wahrheitsfrage, legten den Grundstein für eine lebenslange Freundschaft.

Auch dem Mädchen vertraute ich, es fehlte nur der Beweis ihrer Unschuld. Nehmen wir jedoch einmal an, das Mädchen hätte mich angelogen und ich hätte mich getäuscht. Wie ich das Mädchen einschätzte, würde diese Lüge sie so sehr grämen, dass sie in Zukunft solche Lügen vermeiden würde. In diesem Fall würde die Erfahrung des eigenen Versagens sie später möglicherweise vor ähnlichem Versagen bewahren.

Solche Erfahrungen zählen zu meinen pädagogischen Schlüsselerlebnissen. Sie lehrten mich, wie mühselig der Weg zur Wahrhaftigkeit ist und wie gefährdet wir, Erwachsene und Jugendliche, auf Schritt und Tritt sind. Jede Begegnung steht unter dem Anspruch der Wahrhaftigkeit. Als Schulleiter, als unterrichtender Lehrer, als Privatmann oder als Bürger, immer war dieser Anspruch präsent. Und nicht immer bin ich ihm gerecht geworden.

An ihrer Bemühung um Wahrhaftigkeit habe ich auch andere Menschen gemessen. Ich hatte das Glück, einige Menschen seit Jahrzehnten zu kennen, die diesen Anspruch weit besser als ich erfüllen. Sie waren mir Vorbild, stützten aber auch meine Zuversicht.

Wir leben in einer glaubensfernen Zeit. Die meisten von uns müssen den Sinn des Lebens selbst finden, weil Sinnangebote der Religionen oder Ideologien nicht mehr überzeugen. Der letzte Glaube, der uns bleibt und der unser Leben mit Sinn erfüllt, ist der Glaube an die Wahrhaftigkeit und die Macht der Aufklärung, der Glaube an den Sieg der Ehrlichen und an die gerechte Ordnung unseres Zusammenlebens.

Auch gläubige Christen hoffen auf den Sieg der Ehrlichen, sie warten aber geduldig auf das Jüngste Gericht, das die weißen von den schwarzen Schafen trennen wird. Sie verlegen die Aufklärung ins Jenseits und vertrauen auf einen Richter, der die Wahrheit kennt. Wir müssen diese Aufklärung im Diesseits leisten. Wenn wir in einer Diktatur leben, wenn wir am Arbeitsplatz bei autoritärer Führung unter Lüge und Ungerechtigkeit leiden, bleibt als letzte Bemühung um Menschlichkeit, sich zu solidarisieren, um an der Aufklärung über die Lügen der Mächtigen zu arbeiten.

Wahrhaftigkeit bezieht ihre Kraft
aus der Tradition

Die Erinnerung an das Verhalten der Väter und an die Erzählungen darüber begleitet den Alltag der moralischen Menschen. Wenn sie sich entscheiden müssen, fällt ihnen ein, wie sich ihre Eltern verhalten hätten oder wie sich vielleicht ein Lehrer, ein Onkel oder Freund der Familie verhalten hätte. Sie denken aber auch an die Worte und Taten von großen Vorbildern und Stiftern der Religion oder der Kultur, der sie sich zugehörig fühlen. Wer in Slums ohne die Zuwendung fürsorglicher Eltern und ohne die Erinnerung an die Vorbilder der Vergangenheit aufwächst, kann sich nicht an ein gutes Leben erinnern, weil es für ihn nicht stattfand. Er wird es schwer haben, ein gutes Leben zu führen.

Die Kraft, die ein Leben aus der Tradition verleiht, scheint zu schwinden. Geschichtsvergessenheit ist die Ursache. Die Menschen vereinzeln, sie werden immer unsicherer, wissen nicht mehr, wer sie sind, woher sie kommen, wohin sie gehen und wie sie handeln sollen. Die Erinnerung an die Geschichte ihrer Familie, ihres Volkes und ihrer gemeinsamen Kultur stärkt nicht mehr ihre Moral, weil sie sie nicht kennengelernt haben. Sie bewegen sich vorwiegend im Internet, dem Medium der Gleichzeitigkeit.

Ein Investmentbanker vermehrt erst in Tokio sein Geld, setzt die Geldvermehrung in Singapur fort und versucht dann sein Glück in Frankfurt. Welche Ethik gilt für ihn? Er fühlt sich keiner der Kulturen zugehörig, in deren Dunstkreis er arbeitet. Wahrscheinlich kennt er die Kulturen gar nicht. Er bewegt sich in einer globalen Kultur, und die heißt: Freiheit der Märkte. Hier herrscht das Gesetz des Darwinismus. Für ihn gilt keine tradierte Moral, kein in Jahrhunderten gewachsenes Ethos, Geschichte ist für ihn bedeutungslos geworden.

Konservativ nennt man die Haltung, aus dem zu leben, was immer gilt. Die Konservativen bauen an der Zukunft aus der Erinnerung an die Wahrheiten ihrer Vorfahren. »Das Wahre war schon längst gefunden, / Hat edle Geisterschaft verbunden; / Das alte Wahre, fass es an!« – »Vermächtnis« heißt das Gedicht von Goethe, aus dem diese Zeilen stammen. Er verkörperte wie kein anderer eine konservative Haltung. Früher schrieben wir noch Aufsätze über das Goethe-Zitat »Was du ererbt von deinen Vätern hast, erwirb es, um es zu besitzen!«. Ob jungen Menschen dazu noch viel einfiele? Sind die Konservativen eine aussterbende Gattung? Unsere geschichtsvergessene Zeit hält sie für Reaktionäre, für rückwärtsgewandte Ewiggestrige.

Wir vertrauen nicht mehr auf die stärkende Kraft der Geschichte. Es steht aber noch schlimmer: Vielen Menschen, auch Konservativen, ist die Geschichte ihrer Familie, ihres Volkes und vor allem ihrer Moral gleichgültig geworden.

Wir sollten nie vergessen, dass wir aus einer Kultur stammen, in der Wahrhaftigkeit einmal als absoluter Wert galt, auch wenn dieser Wert in der Praxis immer wieder verraten wurde. Diese Kultur haben Menschen begründet, die bereit waren, für die Wahrheit zu sterben. Über sie wissen vor allem die jüngeren Zeitgenossen nichts mehr und wollen es auch nicht, weil sie es absurd finden, dass jemand bereit ist, für die Wahrheit zu sterben. Es fallen ihnen hierzu höchstens Islamisten ein, die für ihre fundamentalistische Wahrheit sterben.

Die Relativierung der Gültigkeit der Werte hat mit dem Verlust der Religion begonnen. Seit Jahrhunderten versuchen Philosophen zu retten, was zu retten ist. Sie begründen die moralischen Werte aus der Vernunft: Die Menschen müssten nicht mehr an die Offenbarung Gottes glauben, um zu wissen, dass es eine unverrückbare Gültigkeit von Werten gibt.

Aber die philosophischen Begründungen wirken nicht so stark wie die Erzählungen der Religionen.

Vor Jahren verzweifelten Bekannte von mir, weil ihr vierjähriger Sohn jeden Abend von Ängsten vor dem Teufel heimgesucht wurde. Andere Kinder hatten ihm erzählt, dass der Teufel nachts in den Garten käme, um ihn abzuholen. Die aufgeklärten Eltern versuchten, ihm die Unsinnigkeit dieser Erzählungen zu erklären. Es bewirkte nichts. In ihrer Not wandten sie sich an ihren Pfarrer. Der erteilte einen klugen Rat: Der Teufel müsse auf demselben Weg verschwinden, wie er in das Leben des Jungen gelangt sei. Sie sollten Geschichten erzählen, wie der Teufel den Garten wieder verlassen habe. Sie hatten Erfolg.

Die wirksamen Wertesysteme in der Geschichte der Menschheit erhielten ihre Kraft in Gestalt eines Gründers und durch die Erzählungen, die sich um seine Person rankten. Ich habe es immer als Glücksfall empfunden, dass bedeutende Persönlichkeiten Salem gegründet haben. Lehrer und Schüler in Salem beriefen sich auf den *spiritus rector* unter den Gründern, Kurt Hahn. Sie fühlten sich eins mit der Tradition der Schule, wenn sie sich ehrlich verhielten oder Schwächeren halfen. Uns besuchte einmal der Leiter eines befreundeten Internats, das von einem Unternehmerverband gegründet worden war.

»Ich beneide Sie um Ihren Kurt Hahn. Uns fehlt eine Gründerfigur, auf die wir uns berufen und über deren Leben und Wirken wir Geschichten erzählen können.«

Religion ist heute leider beinahe ausschließlich in ihrer fundamentalistischen Ausprägung einflussreich und gesellschaftlich präsent. Ich denke an die Evangelikalen im amerikanischen und europäischen Protestantismus, die dogmatischen Vatikanideologen oder die Minderheit der Islamisten. Sie prägen unser Bild von Religion. Die Erinnerung an Jesus Christus oder an die großen Epochen der Toleranz des Islam ist verlorengegangen. Es gibt keine Ethik, die den Wert der Wahrhaftigkeit so absolut gesehen hat wie die abendländische, die wir mit Sokrates und Jesus Christus verbinden.

Sokrates hat die Wahrheit seines Lebens durch seinen Tod beglaubigt. Die Wahrheit seines Lebens hieß Wahrhaftigkeit. Wahrheitssuche bildete den Kern seines Philosophierens. »Ich weiß, dass ich nichts weiß«, mit dieser Haltung trat er den Menschen entgegen, die die Wahrheit zu kennen glaubten. Seine Haltung klingt noch in Lessings Wort nach, dass nicht der Besitz der Wahrheit, sondern die Bemühung um die Wahrheit den Wert des Menschen ausmache. Sokrates hat am Anfang unserer Geschichte einen Maßstab gesetzt: Wahrhaftigkeit begründet unsere Menschlichkeit. Wahrhaftigkeit war für ihn mehr als Wahrheitsliebe, Wahrhaftigkeit hieß für ihn tatkräftiges Eintreten für das, was er für richtig hielt.

Im Jahr 404/403 v. Chr. verweigerte er unter der Herrschaft der Dreißig, einer Diktatur, den Befehl, zusammen mit vier anderen einen unschuldigen Gegner der Diktatoren zu verhaften. Er ging einfach nach Hause und riskierte damit sein Leben. »Damals bewies ich wahrlich wieder nicht durch Worte, sondern durch die Tat, dass mich der Tod, wenn es nicht zu grob klingt, auch nicht so viel kümmert, dass mir aber alles daran liegt, nichts Unrechtes oder Unfrommes zu tun« (siehe Platon: *Apologie des Sokrates*).

Sokrates war ein Aufklärer, aber nur bedingt. Durch rationalen Diskurs versuchte er, der Wahrheit näherzukommen. Aber trotz der Rationalität seines Denkens war er religiös. Er gehorchte seinem Daimonion, wie er die innere Stimme göttlichen Ursprungs nannte, die dem christlichen Gewissen gleicht. Sokrates war kein Atheist, seine Moral gründete in der Transzendenz.

»Das Leben ist der Güter höchstes nicht«, so lautet der Schlussvers von Schillers Trauerspiel *Die Braut von Messina*. Sokrates hat sich nach einer Güterabwägung zwischen dem Gut Leben und dem Gut Wahrhaftigkeit für die Wahrhaftigkeit entschieden. Es war seine freie Entscheidung. Die Behörden boten ihm an, er dürfe das Gefängnis verlassen, wenn er zukünftig auf öffentliche Auftritte verzichte. Das wäre einem Verzicht auf die Wahrheit seines Lebens gleichgekommen. Diese absolute Gültigkeit des Wertes der Wahrhaftigkeit verteidigte er gegen die Sophisten, die dafür bezahlt wurden, die Jugend zu schulen, wie sie die Wahrheit zu ihren Gunsten interpretieren und verteidigen können.

Jesus Christus hat die Wahrheit seines Lebens, die Wahrhaftigkeit, die Nächstenliebe, die Freiheit und die Gleichheit der Menschen vor Gott ebenfalls mit seinem Tod beglaubigt. Die Ethik der abendländischen Tradition ist in einer Erzählung zusammengefasst, dem »Gleichnis vom barmherzigen Samariter«. Die Menschen maßen ihr Handeln an diesem Ideal.

Alles, was Europa groß gemacht hat, hat es der Gültigkeit der Werte der Wahrhaftigkeit, der Nächstenliebe, der Freiheit und der Gleichheit zu verdanken: die Wissenschaft, die Aufklärung, die Menschenrechte und den Rechtsstaat. Diesem absolut gültigen Wert der Wahrhaftigkeit fühlte sich der ehrbare Kaufmann verpflichtet. Die Erinnerung an die Stifter unserer Kultur und Ethik war im Alltag präsent.

Der Macht des Geldes können wir nicht nur durch rationales Verhalten Herr werden, wir brauchen die über Generationen eingeübte moralische

Haltung als Stütze. Familien, die so den Umgang mit Reichtum gelernt haben, werden ihren Kindern das Wissen über die Gefährdungen des Reichtums mitgeben. Sie werden außerdem den Umgang mit Geld einüben, indem sie Kargheit simulieren. Natürlich gibt es starke Charaktere, die auch ohne die Tradition einer Familie aus dem Stand das Richtige tun. Das ist aber selten. Wir Durchschnittsmenschen, auch die gebildeten unter uns, sind angewiesen auf ein stützendes Umfeld.

Die Kirchen dürfen es sich als Verdienst anrechnen, dass sie das Wissen über die Worte und Taten Jesu Christi tradiert haben. Bis zu Luthers Erscheinen hat die katholische Kirche mehr schlecht als recht diese Aufgabe wahrgenommen. Aber mit den Jahrhunderten ersetzte ihre dogmatische Lehre die Erzählungen über Leben und Lehre Jesu Christi. Die katholische Kirche lernte, erfolgreich mit der Lüge zu leben. Sie diente ihrer Machtvermehrung. Luther war es, der der Wahrhaftigkeit wieder zu Ansehen verhalf. Nach Luthers Reformation bemühte die katholische Kirche sich um mehr Ehrlichkeit. Leben und Lehre des Gründers traten wieder in den Mittelpunkt. Ohne diese Wende hätte sie nicht überlebt.

Im Juli 2012 sprach Jürgen Habermas auf einer Tagung der Siemens-Stiftung davon, dass es in unserer Welt vielleicht der Religion bedürfe, um der »knappen Ressource Solidarität« wieder zu Ansehen zu verhelfen. Religion müsse in der Gesellschaft sichtbar werden und sich in der Sprache der säkularen Gesellschaft artikulieren.

Wer wird das betreiben? Die Kirchen könnten diesen Auftrag übernehmen. Sie würden ihr langsames Sterben umwandeln in einen gesamtgesellschaftlichen Auftrag. Sie müssten aufhören, an ihrem Machterhalt zu arbeiten, und wieder von den Worten und Taten Jesu Christi erzählen. Das gilt vor allem für die katholische Kirche.

Wenn Kinder und Jugendliche mit den Erzählungen des barmherzigen Samariters, des verlorenen Sohnes oder der Ehebrecherin aufwachsen, kann das ihre moralische Haltung stärken. Diese Geschichten müssten allen Kindern als Beispiele eines guten Lebens immer wieder erzählt werden.

Die Juden leben besonders geschichtsbewusst. Das hat ihnen immer wieder die Kraft gegeben, trotz wiederholter Pogrome ihren Glauben an die Zukunft zu bewahren. Haltet die Gebräuche, heißt es bei den Juden, ob ihr gläubig oder Atheisten seid. Sie erzählen allwöchentlich und an ihren großen Festen die Geschichte ihres Volkes. Das gibt ihnen Kraft.

>**Ein ehrlicher Mensch ist auch
dann ehrlich, wenn er lügt.
Er lügt ehrlich.**«

Imre Kertész

Zu viele Politiker und Wirtschaftsführer lügen unbekümmert, wenn es ihnen nützt. Wenn dann
irgendwann ihre Lügen desaströse Folgen zeigen,
übernehmen sie keine Verantwortung. Sie müssen es
auch nicht, denn meist sind sie zu diesem Zeitpunkt
schon wieder abgewählt. Das gilt für Politiker, aber
auch für Vorstände großer Aktiengesellschaften. Fa-
milienunternehmer hingegen bleiben meist lebenslang verantwortlich, sie müssen die Folgen ihres
Handelns tragen.

In der bereits von mir erwähnten Rede »Politik
als Beruf« (Januar 1919) von Max Weber unterscheidet der Soziologe zwischen Gesinnungs- und Verantwortungsethik. Wer ein ethisches Gebot nur be-
folgt, um die Reinheit seiner Gesinnung zu erhalten,
zum Beispiel das Gebot, den Frieden zu bewahren,
läuft Gefahr, großes Unheil anzurichten. Pazifisten
gelten als Gesinnungsethiker. Verantwortungsethiker

hingegen bedenken die Folgen einer Entscheidung. Diese Abwägung kann sie dazu bewegen, Gewalt anzuwenden, um den Frieden zu erhalten. Das haben die Grünen unter Joschka Fischer getan, als sie sich für ein Eingreifen der NATO im Kosovo oder in Afghanistan entschieden. Sie haben sich damals einem Wandel unterzogen und von einer Glaubensbewegung zu einer politischen Partei entwickelt.

Ehrliche Gesinnungsethiker werden zu keiner Lüge bereit sein, auch wenn sie damit der Humanität dienen könnten. Ehrliche Verantwortungsethiker hingegen werden lügen, wenn sie damit einem hohen menschlichen Wert dienen.

Der französische Aufklärer Benjamin Constant vertritt in seiner Schrift *Frankreich im Jahr 1797* die Auffassung, der sittliche Grundsatz, immer die Wahrheit zu sagen, mache ein Zusammenleben unmöglich. Er wendet sich gegen die Behauptung eines deutschen Philosophen, der die Meinung vertrete, »dass die Lüge gegen einen Mörder, der uns fragte, ob unser von ihm verfolgter Freund sich nicht in unser Haus geflüchtet, ein Verbrechen sein würde«.

Kant fühlte sich angesprochen und antwortete in seinem Aufsatz »Über ein vermeintliches Recht aus Menschenliebe zu lügen«, Wahrhaftigkeit werde »schwankend und unnütz« gemacht, wenn man »auch nur die geringste Ausnahme einräumt«. Er folgert daraus: »Es ist also ein heiliges, unbedingt gebietendes, durch keine Konvenienzen einzuschränkendes Vernunftgebot, in allen Erklärungen wahrhaft zu sein.«

Keine Gesellschaft darf irgendeine Art von Lüge rechtlich billigen, so verstehe ich Kant. Wer »aus Menschenliebe« lügt, muss wissen, dass er ein Gebot übertritt und dass er sich schuldig macht. Er kann solche Schuld auf sich nehmen. Er darf aber nicht versuchen, eine Lüge, sei sie auch noch so sehr im Interesse der Humanität geäußert, als rechtlich erlaubt zu interpretieren.

Wie streng Gerichte in einem Rechtsstaat urteilen müssen, wenn es um prinzipielle Normen geht, konnten wir in jüngster Zeit an den Gerichtsentscheidungen im Mordfall Jakob von Metzler erfahren. Der mit den Ermittlungen beauftragte stellvertretende Polizeipräsident Daschner erwog, Folter anzuwenden, um den Aufenthaltsort des Jungen zu erfahren. Viele konnten Daschners Entscheidung nachvollziehen, die Gerichte aber entschieden in allen Instanzen, dass Folter in keinem Fall gerechtfertigt sein darf. Daschner wurde schuldig gesprochen. Er beharrte trotzdem darauf, dass seine Entscheidung moralisch richtig gewesen sei. Er konnte seine Entscheidung aber nur als persönliche Schuld auf sich nehmen. Ähnlich verhält es sich mit der Lüge aus Menschenliebe.

Kant argumentiert rechtsstaatlich. Eine einzige

Ausnahme vom Gebot der Wahrhaftigkeit würde Tür und Tor öffnen, um Lügen aus Menschenliebe zu rechtfertigen. Ebenso würde eine einzige Ausnahme vom Folterverbot wie eine Verführung wirken, in zukünftigen Fällen Folter anzuwenden, wenn es um die Rettung von Leben oder einen vergleichbaren Wert geht. Den Rigorismus Kants können viele heute nicht mehr teilen. Er signalisiert aber, wie ernst es ihm mit der Wahrhaftigkeit war.

Kann eine Lüge moralisch geboten sein, auch wenn sie sich juristisch nicht rechtfertigen lässt? Ich würde sagen: Es kommt darauf an, wie die Lüge begründet wird.

Eine Lüge kann nur als legitime Notlüge gerechtfertigt werden, wenn sich derjenige, der sie ausspricht, in einem Konflikt zwischen dem Wert der Wahrhaftigkeit und einem ebenbürtigen Wert — im obengenannten Beispiel wäre dies die Rettung von Menschenleben — gegen die Wahrhaftigkeit entscheidet. Er lügt dann aus einem moralischen Grund. Ob der Wert »Rettung eines Menschenlebens« dem Wert der Wahrhaftigkeit ebenbürtig ist, bleibt dem subjektiven Urteil des Einzelnen vorbehalten.

Im Januar 2013 kam das US-amerikanische Historiendrama »Lincoln« von Steven Spielberg in die deutschen Kinos. Dieser Film thematisiert, wie es dem 16. amerikanischen Präsidenten am Ende des amerikanischen Bürgerkriegs 1865 gelang, die Abschaffung der Sklaverei durchzusetzen: und zwar letztlich nur, indem er Kongressabgeordnete bestach und zur Lüge griff.

Abraham Lincoln ist der Prototyp des ehrlichen Mannes, für seine Ehrlichkeit wurde er geachtet und verehrt – bis heute. Damals, kurz vor der Abstimmung im Kongress, beantragte ein Abgeordneter, der die Sklaverei befürwortete, die Verschiebung, weil er gehört hatte, dass der Präsident schon Friedensverhandlungen mit der Gegenseite führe. Es wurde ein Emissär zu Lincoln geschickt, der nachfragen sollte, ob das stimme. Lincoln ließ mitteilen, seiner Kenntnis nach gebe es keine Verhandlungen. Das stimmte nicht. Aber durch diese Aussage konnte die Verschiebung der Abstimmung verhindert werden. Denn wenn der Frieden vor der Abstimmung geschlossen worden wäre, dann wären die Abgeordneten der abtrünnigen Südstaaten wieder in den Kongress eingezogen. Es hätte in diesem Fall keine Chance mehr bestanden, das Gesetz gegen die Sklaverei zu verabschieden. Die Botschaft des Films lautet daher: Lincoln besaß den Mut und die Weisheit zu lügen, um das Gesetz durchzubringen. Er nahm dafür die Schuld auf sich, öffentlich zu lügen – ein klassischer Fall von Verantwortungsethik.

Die Geschichte bietet zahllose weitere Beispiele, in denen Menschen in Extremsituationen aus moralischen Gründen gelogen haben. Häufig stammen sie aus Diktaturen. Widerstandskämpfer während der Zeit des Nationalsozialismus, Politiker in heiklen Missionen oder Fluchthelfer in der DDR fallen mir ein.

Konrad Adenauer und Helmut Schmidt halte ich für ehrliche Menschen. Als Politiker haben sie mehrfach gelogen, weil sie sich in einem Wertekonflikt gegen den Wert der Ehrlichkeit und für den Schutz einer Maßnahme entschieden haben, die Menschenleben rettete oder Schaden von der Bundesrepublik abwendete. Als die Lufthansa-Maschine Landshut 1977 nach Mogadischu entführt wurde, zögerte Helmut Schmidt nicht, den Staatspräsidenten von Somalia Siad Barre über die Nationalität der Entführer zu täuschen und ihm bis dahin verweigerte Waffenlieferungen zuzusagen. Er tat dies nur, um die Befreiungsaktion durchführen zu können. Barre hätte nicht zugestimmt, wenn er gewusst hätte, dass die Entführer Palästinenser waren. Auch Waffen wurden anschließend nicht geliefert. Deutschland zahlte lediglich Entwicklungshilfe in Höhe von 100 Millionen DM.

Auch ich habe einmal einen Mitarbeiter bewusst belogen. Ich wusste, dass ihm viel daran gelegen war zu erfahren, wie ein angesehener Wissenschaftler über ihn denkt. Dieser Wissenschaftler hatte ihn im Gespräch mit mir nicht einmal erwähnt. Ich behauptete aber, er habe sich anerkennend über ihn geäußert. Zu erfahren, dass er ihn nicht einmal erwähnt hatte, wäre, so vermutete ich, zu kränkend gewesen. Eine erlaubte kleine Lüge?

Die Lüge war nicht erlaubt, aber in meinen Augen trotzdem geboten. Ich hätte für mein Handeln viel Sympathie auch unter moralisch Denkenden gefunden. Denn der humane Zweck schien in diesem Fall das Mittel zu heiligen. Ich hätte diese Lüge als Notlüge rechtfertigen können.

Eine südeuropäische Familie vertraute Salem zwei Töchter an. Anmutige und kluge Mädchen bereicherten unsere Gemeinschaft. Der sehr traditionell denkende Vater erwartete selbstverständlich, dass wir über die Reinheit seiner Töchter wachten. Frauen seien wie Holzteller, dozierte er. Wenn man einmal daraus gegessen habe, würden immer Spuren bleiben. Nach einem halben Jahr verliebte sich das ältere, siebzehnjährige Mädchen in einen Jungen. Sie gestalteten ihre Freundschaft dezent, jeder spürte aber ihre Leidenschaft. Das Mädchen erzählte ihren Eltern nichts davon. Sie bat auch händeringend ihre Mentorin, ihre Erzieherin im Internat, den Eltern gegenüber zu schweigen. Der Vater fragte ständig nach, ob seine Töchter einen Freund hätten. Wäre das der Fall, würde er sie sofort abmelden. Die Mentorin verneinte jedes Mal seine Frage.

Sie musste die Lüge ständig wiederholen. Unter ihrem Schutz konnte sich die Freundschaft der jungen Menschen entfalten. Eines Tages jedoch entdeckte der Vater den Betrug, reiste an und stellte Schulleitung und Mentorin zur Rede. Die Mentorin trat ihm selbstbewusst entgegen, bekannte, dass sie die Freundschaft der beiden gefördert habe. Sie hielt dem Vater entgegen, dass seine Forderung die Würde seiner Töchter verletze und sie zur Lüge zwinge. Der Vater sah nichts ein, machte aber seine Drohung nicht wahr, weil das Mädchen kurz vor dem Abitur stand.

Die Mentorin log aus Moralität. Sie interpretierte ihre Lüge nicht als Notlüge, obwohl es streng genommen eine Notlüge war. Sie wusste, dass wir immer wieder in Konflikte zwischen Werten geraten, die eine ähnliche Geltung besitzen. In diesem Fall musste sie sich zwischen dem Wert Wahrhaftigkeit und dem Wert der Würde des Mädchens entscheiden und nicht zwischen Wahrheit und Lüge. Das Ansinnen des Vaters, jede Freundschaft zu einem Jungen müsse unterbunden werden – das Bild vom Holzteller offenbarte seine frauenverachtende Haltung –, war in ihren Augen »sittenwidrig«. Die Mentorin war meiner Ansicht nach der Prototyp eines ehrlichen Menschen. Nur solche Menschen geraten in moralische Wertekonflikte.

Ich berichte noch eine andere, ebenfalls wahre Geschichte. Ein wacher, sympathischer Junge besuchte die vierte Klasse einer Grundschule in Baden-Württemberg. Zum Halbjahr stellte sich heraus, dass er aufgrund seiner Noten wohl keine Empfehlung für das Gymnasium erhalten werde. Seine Klassenlehrerin war aber von seiner Begabung überzeugt, hielt ihn nur für verträumt und wollte auf jeden Fall erreichen, dass er das Gymnasium besuchen dürfe. In einem Gespräch mit den Eltern teilte sie ihre Meinung mit, bemerkte aber zugleich, die Noten würden bis zur Entscheidung der Konferenz nicht besser werden. Das Kollegium glaube zu sehr an die Aussagekraft von Noten, auf eine vernünftige Entscheidung, die Empfehlung trotz nicht ausreichender Noten auszusprechen, die gesetzlich möglich gewesen wäre, dürfe man nicht hoffen. Die Eltern sollten sich daher nicht wundern, wenn in Diktaten und Klassenarbeiten in Rechnen nicht alle Fehler angestrichen seien. Das sei gewollt, nur dadurch lasse sich das pädagogisch Gebotene erreichen, nämlich die Noten zu verbessern und die Gymnasialempfehlung zu sichern. Der Junge bestand nicht nur das Abitur, er schloss sein Studium mit der Note eins ab. Auch diese Lehrerin »betrog« aus Moralität, aber eigentlich betrog sie nicht, sondern korrigierte mit ihrer Tat ein in ihren Augen in Paragraphendenken erstarrtes Lehrerkollegium.

Wir leben in einer Zeit, in der die Menschen ohne schlechtes Gewissen lügen, weil es kein »heiliges, unbedingt gebietendes Vernunftgebot« mehr gibt, immer die Wahrheit sagen zu sollen. Wir haben uns daran gewöhnt, guten Gewissens zu lügen, wenn wir in Konflikte geraten, und sprechen dann schnell von Notlügen. Gefühlsmäßig glauben wir uns im Recht.

Als Notlügen gelten dann schon Lügen, die dem Eigennutz dienen oder durch die man Schaden von sich abwenden will. Wahrhaftigkeit gilt nicht mehr als absoluter Wert. Man ist wahrhaftig oder lügt, je nachdem, ob es nützt oder schadet. Ein Konflikt zwischen dem Wert der Wahrhaftigkeit und dem Wert des Nutzens für eigene Interessen wird als ein Konflikt zwischen ebenbürtigen Werten angesehen. Das hat zu einem inflationären Gebrauch von Notlügen geführt.

In seiner erfolgreichen Kolumne »Gewissensfrage«, die wöchentlich im Magazin der *Süddeutschen Zeitung* erscheint, beantwortet Rainer Erlinger Leserfragen, die sich mit Konflikten zwischen einem moralischen Wert und Eigeninteressen beschäftigen wie etwa in diesem Beispiel: »Auf einem Erdbeerfeld zum Selberpflücken zahlt man, wenn man fertig ist, für die Menge an Erdbeeren, die man mitnimmt. … Kürzlich hatten wir nun eine Diskussion, ob es unmoralisch wäre, sich dort den Magen vollzuschlagen und dann nur eine kleine Menge zu kaufen.«[4] Interessant an dieser Frage ist, dass sie gestellt wird. Sie zeugt vom Niedergang moralischen Denkens. Der Erdbeerbauer vertraut auf die Ehrlichkeit der Käufer. Und der Käufer entdeckt einen moralischen Konflikt, bei dem es sich in Wahrheit um Missbrauch von Vertrauen handelt.

Unbekümmert wird Krankheit vorgeschoben, um unliebsame Termine nicht wahrnehmen zu müssen oder um das Versäumnis von Pflichten zu rechtfertigen. Wer beim Zoll, im Verkehr, in der Bahn, vor dem Finanzamt oder in der Schule lügt, setzt den Wert des Nutzens für sich höher an als den Wert der Wahrhaftigkeit und damit das Gemeinwohl. Wer intelligent mogelt oder trickst, so lauten die euphemistischen Bezeichnungen solcher Lügen, entgeht der Strafe; der Dummkopf zahlt. Rechtlich gelten solche Verfehlungen als Ordnungswidrigkeiten, sie sind kein strafrechtlicher Tatbestand. Ein wegen zu schnellen Fahrens bestrafter Bürger, der dies auch noch leugnet, verliert daher nicht an Ansehen. Es herrscht das Gesetz von Kontrolle und Strafe. Es ist dann konsequent, alle Handlungen nach den Kriterien Nutzen und Schaden zu bewerten. Je genauer die Kontrollen und je messbarer die Strafen, desto besser kann jeder sein Verhalten berechnen.

---

4 Rainer Erlinger, *Gewissensfragen*, Streitfälle der Alltagsmoral, Goldmann Verlag, München 2007.

Bei all diesen Lügereien und Betrügereien gibt es ein Kriterium, ab wann sie als unmoralisch einzustufen sind. Solange es sich um kleine Beträge handelt, gelten sie als Kavaliersdelikte. Eine Putzfrau zu beschäftigen, ohne sie anzumelden, wird als Bagatelle angesehen und ist nicht ehrenrührig. Steuern in größerem Maß zu hinterziehen gilt als unmoralisch.

Schließlich möchte ich in diesem Kapitel auch noch die Lüge aus Konvention erwähnen. Die meisten von uns »lügen« einige Male jeden Tag. Es beginnt mit der Antwort »gut« auf die Frage, wie es uns geht, obwohl wir uns elend fühlen. Aber wir wissen, dass es unsere Mitmenschen nicht interessiert. Es setzt sich fort mit der Bemerkung am Telefon, mein Mann ist im Augenblick nicht zu Hause; oder »wir werden uns wieder melden«. Sind das wirklich Lügen?

Ich nenne diese Lügen konventionelle Redensarten, deren Wahrheitsgehalt niemanden interessiert. Es gibt eine Art unausgesprochener Übereinkunft, dass wir bei einer flüchtigen Begegnung keine Wahrheiten erwarten sollen. Wir werden aus Höflichkeit verschweigen, dass wir unser Gegenüber als einen üblen Gesellen empfinden. Ja, es wird als lästig empfunden, wenn einer jedem immer die Wahrheit sagt oder dem anderen zumutet, sich anhören zu müssen, wie miserabel er sich fühlt. Wir wollen »belogen« werden.

Wer möchte diesen Erdenball
Noch fernerhin betreten,
Wenn wir Bewohner überall
Die Wahrheit sagen täten.

Ihr hießet uns, wir hießen euch
Spitzbuben und Halunken,
Wir sagten uns fatales Zeug,
Noch eh' wir uns betrunken.

Und überall im weiten Land
Als langbewährtes Mittel
Entsproßte aus der Menschenhand
Der treue Knotenknittel.

Da lob' ich mir die Höflichkeit,
Das zierliche Betrügen.
Du weißt Bescheid, ich weiß Bescheid;
Und allen macht's Vergnügen.[5]

Uns Deutschen fällt es schwer, konventionelle Höflichkeit gutzuheißen. »Im Deutschen lügt man, wenn
man höflich ist«, sagt der Baccalaureus im *Faust II.*
Andere Kulturen, etwa die angelsächsische, verstehen
Höflichkeit als einen Modus des Umgangs, der das

---

5   Wilhelm Busch: Kritik des Herzens aus: Sämtliche Werke, hrsg.
    von Rolf Hochhuth, C. Bertelsmann Verlag, München 1982,
    Band I, S. 813.

Leben erleichtert. Das tut er aber nur dann, wenn alle sich einig sind, dass Formen der Höflichkeit nicht wahrer Ausdruck der Gedanken oder Empfindungen der Einzelnen sein müssen. Ein Amerikaner wird die Bemerkung nach einer kurzen Begegnung, ich würde mich freuen, Sie wiederzusehen, als eine höfliche Formel betrachten; ein Deutscher würde glauben, der andere wolle ihn tatsächlich wiedersehen.

Eine Schülerin unserer Schule hielt sich im Rahmen eines Austauschprogramms in Amerika auf, saß während eines Fluges nach New York neben einem älteren Herrn, der sich von ihr verabschiedete mit den Worten, er würde sich freuen, wenn sie ihn einmal besuchen würde. Die Adresse war ihr bekannt, weil er ihr einen Umschlag mit einem interessanten Artikel in die Hand gedrückt hatte. Nach einer Woche klingelte sie an der Tür des Herrn. Er öffnete, war sehr erstaunt, erkannte die Unterschiede der Kulturen, lachte und sagte, natürlich sei sein Satz nicht wörtlich gemeint gewesen. Trotzdem lud er sie zum Mittagessen ein.

Wer höfliche Formen wahrt, lügt ebenso wenig wie der, der aus moralischen Gründen lügt.

Die Macht der Lüge

Lügner können ihre Macht in der Regel hemmungslos entfalten, weil ihre Lüge erst als Lüge entdeckt wird, wenn sie ihre Macht schon etabliert haben. Manchmal sogar erst, wenn ihr Lügengebäude in sich zusammenfällt. Berichte über das Lügenimperium von Lance Armstrong, dem legendären siebenmaligen Sieger der Tour de France, füllten die Medien. Manche Berichterstatter malten ein erschreckendes Psychogramm dieses Mannes. Ich bin immer noch erstaunt über die unglaubliche Energie, mit der er sein Lügengebäude errichtete und in einer fragilen Balance hielt.

Wir neigen dazu, die Macht der Lüge zu unterschätzen. Als Kinder der Aufklärung glauben wir, die Lüge habe an Macht verloren, weil wir uns unseres Verstandes bedienen können. Sie ist für uns keine transzendente Macht mehr. Früher war das anders. Da personifizierten die Menschen sie als Teufel oder Satan, als Widersacher Gottes mit übernatürlichen

Kräften. Im Johannes-Evangelium (Joh. 8,44) bezeichnet Jesus den Teufel als Vater der Lüge. Faust teilt Mephisto mit, es entspreche seinem Wesen, »wenn man euch Fliegengott, Verderber, Lügner heißt«. Es gab Religionen, die die Weltgeschichte als Kampf zwischen den bösen und guten Mächten interpretierten.

Luthers bekanntestes Kirchenlied »Ein feste Burg ist unser Gott« wurde immer wieder als eine Art Kampflied des Protestantismus angesehen. Es ist ein Lied gegen den »Fürst dieser Welt«; er ist »der alt böse Feind, mit Ernst er's jetzt meint, groß Macht und viel List sein grausam Rüstung ist«. Wer würde heute noch so vom Bösen als einer dämonischen Macht sprechen und von seiner primären Erscheinungsform, der Lüge?

Kant sprach in seiner philosophischen Schrift *Über Religion innerhalb der Grenzen der bloßen Vernunft* vom »radikal Bösen« im Menschen. Es sei keine aktive Kraft, sondern der »Hang zum Bösen« würde der Selbstliebe entspringen, einer »Verkehrtheit des menschlichen Herzens«. Die menschliche Neigung, den Eigennutz höherzustellen als das Gemeinwohl, hat unergründliche Ursachen. Wie immer wir diese dunkle Seite unseres Wesens deuten, wir müssen mit dieser Schwäche leben und dürfen nicht vorbehaltlos auf das Gute im Menschen vertrauen.

Jeder Mensch begegnet irgendwann in seinem Leben zum ersten Mal der Macht der Lüge. Meine erste Begegnung datiert aus dem Jahr 1965. Ich studierte am philosophischen Institut der Universität Saarbrücken. Philosophische Institute ziehen magisch hochbegabte und sinnsuchende Studenten an, die zuweilen zu ungewöhnlichem Denken neigen. Einer dieser Unkonventionellen erschien eines Tages nicht mehr im Institut. Wir erfuhren, dass sein Vater erreicht hatte, ihn »bei Nacht und Nebel« in die geschlossene Abteilung einer Psychiatrischen Klinik einliefern zu lassen. Er rechtfertigte uns gegenüber die Einlieferung als Wohltat; sein Sohn solle vor sich selbst und andere sollten vor ihm geschützt werden. Unser Kommilitone, den wir in der Klinik aufsuchten, kommentierte die Aktion seines Vaters mit zynischem Humor. Wir wandten uns schließlich an das Gericht. Eine Verhandlung wurde angesetzt. Der Richter fragte die Ärzte, ob unser studentischer Freund tatsächlich so gefährlich sei. Das wurde verneint. Eine Stunde später war er frei.

Der Vater hatte die Einweisung gegenüber der Klinik mit einer Lüge begründet. Er hatte dies so massiv getan und gefordert, dass man seinen Sohn im Schlaf mit Hilfe einer betäubenden Injektion überraschen müsse. Die Klinik entsprach seiner Forderung, ohne einen Richter einzuschalten. Leider geschieht so etwas immer wieder.

Wir konnten seine Lügen als Lügen entlarven. Wir kannten unseren Kommilitonen, wir kannten auch seine »Spinnereien«, wir wussten aber auch, dass sein Vater, der ein leitender Mitarbeiter der evangelischen Kirche war, unkonventionelles Denken als »sündiges« Verhalten interpretierte und der Ansicht war, die Lektüre von Hegels Schriften habe seinen Sohn vom christlichen Weg abgebracht. Darüber hinaus scheute er sich nicht, Geschichten über ihn zu erfinden, die er nicht beweisen konnte. Dem Sohn glaubte sowieso niemand mehr, weil er ja in der geschlossenen Anstalt saß.

Für mich war diese »Befreiung« unseres Freundes die erste Konfrontation mit einer mächtigen Lüge. Das gesellschaftliche Vertrauen, das der Vater aufgrund seines Amtes genoss, verlieh seinen Lügen Macht. Die von ihm gerufenen Sanitäter hatten keine Veranlassung, ihm zu misstrauen. Doch die Klinikleitung hätte natürlich am Tag danach einen Richter einschalten müssen. Das hatte man unterlassen, wie uns mitgeteilt wurde.

Die Folge der mächtigen Lüge: Den Sohn hat dieser Vorfall traumatisiert. Sein Selbstvertrauen, das ohnehin durch die autoritäre Erziehung des Vaters stark angekratzt war, hatte er nun endgültig verloren. Die Einlieferung in die Klinik hatte ihn zu einem psychopathischen Fall gemacht.

Meine erste Begegnung mit der Macht der Lüge verlief glimpflich, weil demokratische Verhältnisse mich die Macht der Aufklärung erfahren ließen. Aber welche psychischen Folgen hätte diese Begegnung gehabt, wenn ich in einem unfreien Land eine Niederlage erlitten hätte?

Autoritäres Verhalten von »Mächtigen«, seien es Eltern, Lehrer, Schulleiter, Vorstandsvorsitzende oder Regierungschefs, beruht immer auf Lügen. Sie können ihren Machtanspruch nur durchsetzen, wenn sie sich selbst belügen und wenn sie die belügen, über die sie herrschen. Sie wollen und müssen immer recht haben, sie geben sich so, als ob sie im Besitz der Wahrheit wären. Auf Argumente ihrer Untergebenen zu hören würde ihre Macht relativieren. Das Leiden an den Folgen der Lügen von autoritärer Herrschaft ist das häufigste von Menschen gemachte Leiden und ist ebenso verbreitet in gemeinnützigen Einrichtungen wie in Einrichtungen der Wirtschaft, aber auch in Familien und Ehen.

Das folgende Beispiel stammt aus einer ganz normalen öffentlichen Schule. Lehrer und Schüler freuten sich täglich, ihre Schule besuchen zu dürfen. Sie waren der Überzeugung, hier erfolgreich lehren und lernen zu können. Sie identifizierten sich mit den Zielen der Schule, sie waren darin geübt, Verantwortung zu übernehmen und selbständig zu arbeiten, weil gegenseitiges Vertrauen herrschte und alle gewohnt waren, ehrlich und offen zu informieren. Ein neuer Direktor wurde berufen. Schleichend veränderte sich das Klima. Selbständiges Denken galt nicht mehr als Tugend, Anpassung an Vorgaben von oben wurde erwartet, aber vor allem erkannten die Lehrer nicht mehr, wohin der neue Direktor die Schule führen wollte. Lügen, Halbwahrheiten und unklare Informationen führten zu Gerüchten und schürten Ängste. Der neue Direktor formulierte seinen klaren Anspruch, allein zu bestimmen. Fragen waren nicht erwünscht. Es fanden sich genügend Gefolgsleute, die seinen Führungsstil unterstützten, weil er ihnen kleine Machtpositionen garantierte. Die Lüge kam auf leisen Sohlen, nicht platt und für jeden erkennbar.

Die eigentlich beunruhigende Veränderung war die Veränderung der Mitarbeiter. Manche trugen sich mit dem Gedanken, die Schule zu verlassen. Gespräche mit der staatlichen Schulaufsicht verliefen im Sand, denn diese billigte ausdrücklich den autoritären Führungsstil des Direktors. Mitarbeiter, die sich ihm nicht anpassten, ja öffentlich Fragen stellten, fanden nur wenige Verbündete. Die Guten und Aufrichtigen verhielten sich still, die Mehrzahl kehrte zum *business as usual* zurück und duckte sich in die Furche, hoffend, dass der Fuchs vorüberzöge.

Freundschaften brachen auseinander. Die Heiterkeit unbeschwerter Offenheit ging verloren.

Dieses Modell wiederholt sich unglaublich häufig überall dort, wo Menschen ihre Macht über andere festigen wollen. Wenn sich einmal eine autoritäre Herrschaft etabliert hat, dann hat öffentlich vorgetragener Widerstand wenig Aussicht auf Erfolg, weil sich in der Regel die meisten Menschen einer autoritären Führung unterordnen. Die »Wahrheit« über eine verfehlte Strategie und Führungskultur wird erst offenbar, wenn diese sich wirtschaftlich negativ auswirken. Dieses Korrektiv gibt es aber an einer staatlichen Schule nicht.

Der Macht der Lüge begegnen Kinder und Jugendliche schon sehr früh. Durch Lügen andere auszugrenzen gehört zu den gemeinsten Methoden unter Menschen, um Macht über sie zu gewinnen; so auch unter Jugendlichen. Ein Mädchen schien gut in die Gemeinschaft integriert zu sein, merkte aber, dass andere ihre Nähe nicht mehr suchten, ja sie sogar schnitten. Erst allmählich erfuhr sie, dass Gerüchte über sie im Umlauf waren, Gerüchte, die sie als eine erscheinen ließen, die über andere schlecht redete. Die raffinierte Urheberin der Gerüchte erzählte anderen Mädchen hinter vorgehaltener Hand, sie habe dies oder jenes über sie verbreitet.

Sie kam zu mir in ihrer Not. Mein Rat: Sie solle

nicht warten, bis ein Erwachsener eingreife, sondern sie solle die Urheberin stellen und mit diesen Vorwürfen konfrontieren. Die Aufgabe war dadurch erschwert, dass diese Urheberin hohes Ansehen in der Gruppe genoss.

Es war offensichtlich, dass sie nicht ertragen hatte, dass das Ansehen des verleumdeten Mädchens in der Gruppe wuchs. Sie brachte den Mut auf, die Verleumderin zu stellen, und erlebte ein Fiasko, weil sie nicht mit deren Frechheit und Raffinesse gerechnet hatte. Aber sie konnte ein anderes Mädchen davon überzeugen, sie zu unterstützen.

Ausdauer war angesagt, sie gab nicht auf und warb klug um Bundesgenossinnen. Tatsächlich erreichte sie, dass die Verleumdungen ihrer Gegenspielerin offenbar wurden – mit der Folge, dass diese nun ausgegrenzt wurde. Das hätte sie eigentlich verhindern müssen. Das wäre aber zu viel verlangt gewesen. Sie aber hatte erfahren, dass die Ehrliche siegt, wenn sie mutig und klug vorgeht.

Anders verlief eine üble Mobbinggeschichte. Ein Junge wurde in der Klasse gehänselt, sein Schulranzen wurde wiederholt ausgeleert, während des Unterrichts fielen scheinbar harmlose, aber für den Betroffenen verletzende Bemerkungen, Papierkügelchen trafen ihn immer wieder, er wurde zunehmend geschnitten. Er litt wie ein Hund. Mitschüler nahmen das wahr, wagten aber nicht, gegen die Täter vorzugehen, weil sie die Alphatiere in der Klasse waren.

Der Klassenlehrer bemerkte lange nichts, weil die Täter zu raffiniert agierten. Als er durch die Eltern vom Leiden des Jungen erfuhr, sprach er mit ihm, konnte ihn aber nicht dazu bewegen, die Täter zu stellen. Der Junge flehte ihn vielmehr an, auf keinen Fall gegen sie vorzugehen, sonst würde alles noch schlimmer.

Es gab in der Klasse niemanden, der den Mut hatte, etwas zum Schutz des Jungen zu unternehmen. Alle Schüler wussten die Wahrheit über das Mobbing, sie waren selbst ehrliche junge Menschen, aber sie waren nicht bereit, dafür zu kämpfen, dass die Wahrheit öffentlich wurde, um das Leiden des Jungen zu beenden. Befragt nach den Tätern, machten sie geltend, dass sie sich in einem Wertekonflikt befänden: Wenn sie dem Opfer helfen würden, dann könnten sie dies nur tun, indem sie die Täter verrieten. Verrat eines Mitschülers gilt aber als schlimmstes Vergehen in der Schülerethik. Ein solcher Wertekonflikt wird häufig geltend gemacht, um die eigene Untätigkeit zu rechtfertigen. Nach unserer Interpretation handelte es sich jedoch um einen Konflikt zwischen der Bereitschaft zu helfen und der Angst, selbst Opfer zu werden.

Die Geschichte endete damit, dass Klassenlehrer

und Leiter die beiden vermuteten Haupttäter gegen den Willen des Jungen vorluden. Wir behaupteten nicht vom Opfer, sondern von anderen zu wissen, dass sie die Täter seien. Die Frechheit unserer »Lüge« ließ die beiden Jungen einknicken. Wir akzeptierten ihre beschönigenden und verharmlosenden Aussagen nicht, sondern machten sie dafür verantwortlich, dass der Junge nicht mehr gemobbt würde. Gelänge ihnen das nicht, müssten sie mit Entlassung rechnen.

Die Rechnung ging auf, der Junge konnte unbehelligt in der Klasse leben. Mobbende Jugendliche sind oft schwache Persönlichkeiten, die ihre Schwäche durch Ausgrenzung anderer kompensieren. Sie reagieren leider selten auf Argumente, sondern nur auf Androhung von Strafen. Das gilt übrigens auch für autoritär agierende Erwachsene.

Die Versuchung, zu lügen und zu betrügen, ist so stark, dass Abschreckung nach wie vor als eine wichtige Maßnahme gilt, dieser Laster Herr zu werden. Eltern und Erzieher bleuen Kindern ein, dass das Lügen schreckliche Folgen hat und sich deshalb nicht lohnt. Wenn die Lüge im Lande zunimmt, kommt sofort der Ruf nach härteren Gesetzen und Strafen.

Auf Kontrolle und Strafe kann keine Gesellschaft verzichten. Selbst ehrliche Menschen brauchen Steuerprüfer, Bauaufsicht, Polizei oder Kontrolleure in der Bahn. Denn auch sie sind Versuchungen ausgesetzt. Sie sind Menschen. Die menschliche Natur ist schwach. Sie braucht Stützen. Jeder ehrliche Mensch wird eingestehen, dass auch er Kontrollen und Strafen als nützliche Mittel erfährt, seine Ehrlichkeit aufrechtzuerhalten.

Die Zentrale des International Baccalaureate, ein in allen Ländern der Welt als Hochschulzugang anerkannter Abschluss allgemeinbildender Schulen, hat der verbreiteten Praxis des Plagiierens von Texten den Kampf angesagt. Jedes Referat und jede Facharbeit von Schülern muss vor dem Korrigieren ein Programm durchlaufen, das feststellen kann, ob fremde Texte ohne Quellenangabe verwendet wurden. Diese Maßnahme wurde notwendig, weil Schüler sich weltweit verführen lassen, Referate oder sonstige eigenständig zu erstellende Arbeiten aus dem reichen Schatz des Internets zu besorgen. Ihre »Leistung« besteht manchmal nur darin, die Texte so zu verfremden, dass sie nicht sofort als geistiger Diebstahl zu erkennen sind. Seitdem das Programm eingeführt wurde, widerstehen die meisten Schüler der Verführung zum geistigen Diebstahl. Wie das Blitzgerät an einer Straße Verkehrsteilnehmer veranlasst, die vorgeschriebene Geschwindigkeit einzuhalten, so wirkt das Programm auch vorbeugend.

Kontrollen dienen der Sicherung von Ehrlichkeit. Sie bieten eine Gelegenheit für Schüler oder Studenten, sich selbst zu prüfen, ob sie ihre Leistung ohne fremde Hilfe erbracht haben. Solche Kontrollen wirken nur dann, wenn unehrliches Verhalten bestraft wird.

Kontrollen entlasten auch die Beziehung zwischen Lehrern und Schülern. Sie müssen aber klar und einleuchtend sein. Programme im Internet, die Texte auf Plagiate durchkämmen, sind solche entlastenden Kontrollen. Sie vermindern die Gelegenheiten zu betrügen, weil die Schüler wissen, dass ihr Betrug ziemlich sicher entdeckt wird. Sie werden Betrugsversuche unterlassen.

Als zweite Wirkung erzeugt Kontrolle Furcht vor Strafe. Wer also trotz solcher Kontrollen betrügen will, muss mit Strafen rechnen. Es geht dabei um Abschreckung. Unsere Urin-Kontrollen in Salem, über die viel diskutiert wurde, sind ein Beispiel dafür, dass wir Lehrer und Schüler von der Vertrauensfrage beim Thema Drogen entlasten wollten.

Kontrollen und Strafen sind notwendig, sie lösen das Problem aber nicht. Regulation, Gesetze, stärkere Kontrollen und schärfere Strafen machen die Menschen nicht ehrlicher. Wir Menschen sind darauf angewiesen, dass wir einander vertrauen. Solches Vertrauen erfordert eine Haltung der Ehrlichkeit jenseits von Kontrolle und Strafe.

Es gibt allerdings Menschen, die nur ehrlich sein können, wenn sie wissen, dass Kontrolle und Strafe drohen. Die Lüge ist ihre Überlebensstrategie und ihr Weg, Anerkennung zu gewinnen. Ehrlichkeit als Lebenseinstellung ist ihnen so fremd wie dem Blinden die Farbe.

Lügner und ihre Lügengebäude werden nicht immer durch Aufklärer zu Fall gebracht. Sie brechen oft zusammen, weil Menschen auf Dauer nicht zusammenleben können, ohne einander zu vertrauen.

Die Macht der Ehrlichen

Die Lüge wuchert in jeder Epoche der Menschheitsgeschichte. Aber in jeder Epoche formiert sich dagegen die Macht der Ehrlichen. Sie ist die Macht von Einzelnen. Sie bauen keine Machtstrukturen auf, ihre Strategie heißt Ehrlichsein. Sie sind friedlich. Ihre konsequente Aufrichtigkeit ist Schutz und Waffe zugleich. Sie sind mächtig, weil Transparenz und Aufklärung ihrem Leben eine Richtung geben. Ihre Macht entspringt der inneren Gewissheit, dass sie durch Wahrhaftigkeit ihre Bestimmung als Mensch erfüllen. Wahrhaftigkeit bedarf in ihren Augen keiner Begründung, weil ihnen ihre Notwendigkeit unmittelbar einsichtig ist.

Im ersten Kapitel habe ich beschrieben, dass viele Bürger befürchten, das Ende der Aufrichtigkeit sei eingeläutet. Der Mensch suche nur seinen Vorteil und schrecke deshalb vor keiner Lüge zurück. Dies präge unsere Moral. Aber es gibt Grund zur Hoffnung: Eine Gegenbewegung wächst heran. Es ist die Bewegung der ehrlichen Einzelnen, die der Lüge ihre Kraft nehmen. »Wo Gefahr ist, wächst das Rettende auch« – Hölderlins Satz aus dem Gedicht »Patmos« artikuliert die Zuversicht der Aufrichtigen.

Empört euch! lautet der Titel einer Streitschrift von Stéphane Hessel, dem ehemaligen Résistance-Kämpfer, französischen Diplomaten und Buchautor. Sie wurde weltweit millionenfach verkauft und ist eine moderne Variation des Rufes nach Umkehr, der schon der Ruf des Christentums war. Aber auch Gandhi und Mandela setzten auf die persönliche Integrität, auf den Mut und auf die Wahrheitsliebe der Einzelnen. Denn nur Personen, die mutig für die Wahrheit eintreten, können die Welt im Gleichgewicht halten.

Die mächtige Lüge müsste längst die Welt erobert haben. Aber die »schwachen« Ehrlichen schaffen es immer wieder, die Lüge in Schach zu halten. Es scheint eine Art Gleichgewicht zwischen Lüge und Wahrhaftigkeit zu geben, das über die Jahrtausende konstant geblieben ist. Oft genügt es, einfach die Wahrheit zu sagen, um Verhältnisse zu ändern, oder wie der britische Schriftsteller George Orwell in seinem dystopischen Roman 1984 schreibt: »In Zeiten, da Täuschung und Lüge allgegenwärtig sind, ist das Aussprechen der Wahrheit ein revolutionärer Akt.«

Lügner pflegen mit unerhörter Energie autoritäre

Systeme zu erfinden, die neue Lügner erzeugen. Das Ringen um Ehrlichkeit und die Erkenntnis, dass sie die Voraussetzung für ein gutes Leben ist, haben in der Neuzeit zu einer Struktur des Zusammenlebens geführt, die der Ehrlichkeit eine rechtliche Sicherheit gibt: zum demokratisch verfassten Rechtsstaat. Wenn es einen Fortschritt in der Geschichte der Menschheit gibt, dann ist der Rechtsstaat an erster Stelle zu nennen. Ihm liegt das Verständnis zugrunde, nur Macht zu bejahen, die legitimiert und der Wahrhaftigkeit verpflichtet ist. Wir haben die allgemeine Akzeptanz des demokratischen Rechtsstaates auch wieder der Aufklärung zu verdanken. Er kann schwächeln, er kann zeitweise außer Kraft gesetzt werden, als Idee aber ist er nicht mehr aus der Welt zu denken.

Revolutionen wurden angezettelt, weil man glaubte, dass ein Umsturz der Verhältnisse zu Wahrhaftigkeit und Gerechtigkeit führen werde. Aber die Veränderung der Verhältnisse erzeugt keine ehrlichen Menschen. Wenn Revolutionäre nicht gerecht und ehrlich sind, setzen sich Lüge und Ungerechtigkeit im neuen System fort. Es gibt keine ehrlichen Systeme – weder Kirchen, Staaten, Unternehmen noch soziale Einrichtungen sind es –, es gibt nur ehrliche Menschen.

Alle Bemühungen in der Geschichte, die Macht der Lüge ausschließlich über strukturelle oder gesetzliche Regelungen zu begrenzen, sind daher auch gescheitert. Die sozialistische Gesellschaft war der radikalste Versuch und endete in noch größerer Lüge. Nach den Betrügereien von Politikern und Wirtschaftsführern in den letzten Jahrzehnten wird der Ruf nach Regulierung wieder lauter. Kontrollen und Strafen seien die einzige Sprache, die die Akrobaten der Geldgier verstehen. Aber allein durch Regulierung lässt sich das Gleichgewicht nicht herstellen.

Wenn Lügner die Wahrheit vertuschen oder unterdrücken wollen, beharren die Ehrlichen friedlich, aber nachdrücklich auf Transparenz und Aufklärung. Sie bestätigen den Satz, den Bertolt Brecht Laotse zuschreibt in dem Gedicht »Die Legende von der Entstehung des Buches Taoteking auf dem Wege des Laotse in die Emigration«: »Dass das weiche Wasser in Bewegung mit der Zeit den mächtigen Stein besiegt. Du verstehst, das Harte unterliegt.«

Unsere Zuversicht beruht darauf, dass in der Vergangenheit Ehrliche zwar gescheitert sind, aber nicht die Ehrlichkeit. Ja, sie geht sogar stärker aus Niederlagen hervor. Heute leben uns Menschen vor, wie mächtig Ehrlichkeit sein kann, wenn sie kompromisslos gelebt wird.

Im Januar 2013 wurde das Stück »Das Himbeerreich« von Andres Veil in Stuttgart uraufgeführt, ein Drama, mit dem der angesehene Film- und Theaterregisseur die absurde Welt der Banken an den Pranger stellt. Andres Veiel empört sich, klärt auf und nutzt das Theater als moralische Anstalt. Es mag in seiner Wirkung begrenzt sein. Vielleicht genießen sogar dieselben, die hier angeklagt werden, die Unterhaltung, die die Erzählung des Verbrechens erzeugt. Aber mit diesem Stück schafft Veiel Transparenz. Er weiß, dass nur Aufklärung die Menschen verändern wird.

Veiel hat nicht nur Gespräche mit mehr als zwanzig Bankmanagern geführt, die das System der Geldvermehrung bejahten, sondern auch mit Aussteigern und Kritikern gesprochen. Er hat sie als Gefangene eines Systems der Lüge erlebt, aus dem nur wenige fliehen wollten. Die Zyniker unter ihnen genießen ihren Erfolg, die Aussteiger wissen, dass der Erfolg der Zyniker das Ende der Humanität einläutet. Sie bekennen sich aber nicht öffentlich zu ihrer Kritik, weil sie das ihre Betriebsrenten kosten könnte.

Nicht nur im Bankensektor wird gelogen, auch Versicherungskunden werden mit Versprechungen gelockt, die im Ernstfall nicht eingelöst werden. Stattdessen wird mit allen Schikanen verhindert, dass die Versicherung zahlen muss. Solche Machenschaften haben das gute Gewissen von Beatrix Hüller, einer Juristin, die jahrelang als Schadensreglerin bei einer Versicherung arbeitete, so sehr geplagt, dass sie die Seiten wechselte und ihr Wissen heute nutzt, um diese Lügen vor Gericht aufzudecken. »Ich muss etwas wiedergutmachen«, sagte sie in der *Zeit* vom 3. Januar 2013.

Die Macht der Ehrlichen beruht nicht allein auf ihrer aufrechten Haltung und ihrem guten Willen. Sie beruht auch auf Eigenschaften und Fähigkeiten, die wir nicht spontan mit Ehrlichkeit verbinden. Gandhi und Mandela etwa hatten nicht ausschließlich eine sanfte Seite, wie es fälschlicherweise vor allem im Schulunterricht dargestellt wird, sondern sie waren gewiefte Machtpolitiker. Sie wussten – im Gegensatz zu vielen Kämpfernaturen in ihren eigenen Reihen –, dass der friedliche Weg der einzig erfolgversprechende war, um sich gegenüber den wankenden Mächten, dem britischen Weltreich wie der Burenherrschaft in Südafrika, durchzusetzen.

Die Macht der Ehrlichen beruht daher auch auf Klugheit. »Seid klug wie die Schlangen«, wenn ihr die Wahrheit in die Welt tragt, so lehrte es Jesus Christus seine Jünger. Er riet tatsächlich, sich der Methoden der Bösen, der Schlangen, zu bedienen, um die Wahrheit zu verbreiten. Die Methoden an sich sind neutral, sie werden erst moralisch oder unmoralisch je nachdem, welchem Zweck sie dienen.

Der Ehrliche braucht Ausdauer, denn kurzfristig siegt beinahe immer die Lüge. Menschen fürchten mit Recht die Macht des Lügners. Dieser vertraut darauf, dass andere ihn für ehrlich halten. Solange dieses Vertrauen nicht erschüttert wird, kann man dem Lügner schwer beikommen. Wird es darüber hinaus gestützt – durch äußere Autorität, Beliebtheit, rhetorische Begabung oder Chuzpe –, dann geht derjenige, der ihm widerspricht, ein hohes Risiko ein. Wenn er nicht über die gleiche Autorität, Beliebtheit, Frechheit oder rhetorische Begabung verfügt, wird er kurzfristig den Kürzeren ziehen.

Um zu erkennen, wie der andere die Wahrheit akzeptieren bzw. vielleicht ertragen und aushalten kann, muss sich der Ehrliche in die Situation seines Gegenübers einfühlen können, er muss Phantasie aufbringen, um dessen mögliche Reaktionen vorauszusehen, und er muss optimistisch an den Erfolg der Wahrhaftigkeit glauben.

Erdem Gündüz, Choreograph und Performance-künstler, stand nach den Polizeieinsätzen gegen protestierende Bürger in Istanbul im Juni 2013 acht Stunden bewegungslos auf dem Taksim-Platz und starrte ein Porträt von Atatürk an. »Ich protestiere gegen die Sprachlosigkeit der türkischen Medien und gegen die Gewalt der Polizei«, begründete er sein Tun. Viele ahmten ihn nach. Auf diese Form des Protestes reagierte die Polizei hilflos. So etwas muss einem einfallen! Die Bilder gingen um die ganze Welt.

Ehrlichkeit ohne Mut und Konfliktbereitschaft taugt wenig. Wer die Wahrheit aufdeckt oder mitteilt, muss damit rechnen, auf Widerstand zu stoßen, schlimmstenfalls muss er Nachteile in Kauf nehmen. Die mächtigen Lügner wehren sich, sie werden sich rächen, denn die Wahrheit zerstört ihr Lügengebäude und hindert sie daran, unkontrolliert Macht auszuüben. Ehen und Freundschaften können nicht gelingen, wenn die Partner nicht den Mut zur Ehrlichkeit aufbringen. Zivilcourage nennen wir den sozialen Mut, ohne den keine Demokratie bestehen kann.

Am 7. Oktober 2006 um fünf Uhr nachmittags wird die Journalistin Anna Politkowskaja im Aufzug ihres Wohnhauses im Zentrum von Moskau erschossen. Sie hatte während des Tschetschenienkrieges über die Verbrechen der russischen Armee, über Mord, Folter, Vergewaltigung und Korruption berichtet und dadurch den Unmut der Mächtigen auf sich gezogen. Bei uns gilt sie als Ikone des investigativen Journalismus. Sie wurde vielfach mit Preisen ausgezeichnet.

Anna Politkowskaja wird als Fanatikerin der Wahrheit beschrieben. Sie wusste, wie gefährdet sie war, ließ aber nicht ab von ihren rastlosen Attacken der Aufklärung. Wie Sokrates kümmerte sie die Todesdrohung nicht. Sie hat mit ihrem Tod die Wahrheit ihres Lebens beglaubigt, die Wahrhaftigkeit. Diese galt ihr als Voraussetzung für ein gutes Leben in Russland, von den Mächtigen wurde sie als Bedrohung empfunden. Deswegen musste Anna Politkowskaja verschwinden. Sokrates wurde noch ein Prozess gemacht, sie wurde hinterrücks ermordet. Doch durch diesen Mord wurden sie und ihr Anliegen mit einem Schlag in aller Welt bekannt. Damit haben diejenigen, die für ihren Tod verantwortlich sind, vermutlich nicht gerechnet.

Auch die Geschwister Scholl konnten ein Leben in der Lüge nicht ertragen. Was wäre Deutschland ohne diese Zeugen der Wahrheit? Es geht eine große Macht von den Geschwistern Scholl aus. Die Erinnerung an ihr Eintreten für die Wahrheit stärkt die Moral unseres Landes. Ihr Versuch, die Lügen des Nazi-Regimes in Flugblättern zu entlarven, mag wenig professionell gewesen sein. Unmittelbar bewirkten sie nichts. Aber ihre moralische Wirkung im Nachkriegsdeutschland ist ungeheuer.

Jährlich sterben viele Journalisten in aller Welt, weil sie über Verbrechen, über Ungerechtigkeiten, über Unterdrückung oder von Kriegsschauplätzen berichten und die Ergebnisse ihrer Recherchen veröffentlichen. Ein innerer Drang nach Wahrheit treibt sie an.

Überzeugenden Qualitätsjournalismus gibt es auch in Deutschland. Journalisten stellen sich in den Dienst der Aufklärung. Sie schaffen Transparenz, recherchieren klug und mutig, versuchen, ehrlich zu bewerten, und lassen sich nicht korrumpieren. Aber auch in den Medien wuchert die Lüge. Es gibt unglaublichen Missbrauch, Voyeurismus oder Sensationsjournalismus, der sich als Enthüllungsjournalismus tarnt. Wie überall findet also auch hier die tägliche Auseinandersetzung zwischen Lügnern und Ehrlichen statt. Und auch hier wird das Bedürfnis nach Wahrhaftigkeit das Gleichgewicht erhalten.

Andrea Röpke recherchiert seit Jahrzehnten die Machenschaften rechtsradikaler Akteure und klärt über ihre Absichten und Aktionen auf. Sie weiß, dass ihre Gegner alles versuchen werden, ihr das Handwerk zu legen. In der Wahl der Mittel, sie einzuschüchtern, sind sie nicht zimperlich. So wurde sie von Männern der rechten Szene sogar körperlich angegriffen. Dennoch gibt sie nicht auf. Sie glaubt an die Macht der Aufklärung.

In China riskieren Journalisten, Intellektuelle, Künstler und einfache Bürger Freiheit und Leben, wenn sie für die Wahrheit eintreten. Arabellion ist eine starke Bewegung in arabischen Ländern gegen autoritäre Herrschaft. In Mexiko decken mutige Bürger die Lügenherrschaft der Drogenkartelle auf und ernten dafür Todesdrohungen. Türkische Bürger gehen auf die Straße und lassen sich von Polizeimaßnahmen nicht einschüchtern, um gegen das immer autoritärer agierende Regime von Erdogan zu protestieren. Stets geht es darum, Transparenz herzustellen und so gute Bedingungen für eine gerechtere Welt zu schaffen.

Ohne Qualitätsjournalismus gäbe es auch nicht den Erfolg der Protestkultur. Die Demokratie lebt von der öffentlich gemachten Transparenz der Entscheidungen der Mächtigen. Die Zweifel an ihrem Willen zur Transparenz führten zu neuen Formen verantwortlichen Verhaltens. Schon vor Jahrzehnten formierte sich eine Bewegung außerhalb der Parlamente: die 68er-Bewegung. Ihre Schwäche war, dass ihre Anhänger – in der Definition von Max Weber – Gesinnungsethiker waren. *Fiat iustitia, pereat mundus* – es ging ihnen um den Sieg der reinen Lehre, mochte darüber die Welt zugrunde gehen.

Heute machen sich Protestbewegungen breit, die von Verantwortungsethikern getragen werden und sich am Gemeinwohl orientieren: Amnesty international, Greenpeace, Human Rights Watch, BUND, Ärzte ohne Grenzen, Stuttgart 21, Recht auf Stadt sind Beispiele. Die Liste lässt sich verlängern. Den demonstrierenden Bürgern geht es nicht um Ideologie, sondern um ehrliche Aufklärung. Natürlich gibt es auch hier Missbrauch, Übertreibungen und Irrtümer. Das spricht aber nicht generell gegen diese Art von Mitbestimmung durch Aufklärung.

Ehrliche Menschen müssen nicht immer die Lüge öffentlich machen, um zu wirken. Im Alltag gilt das Wort aus *Hamlet*, das ich bereits zitiert habe: »Bleib dir selber treu; dann kannst du nicht falsch sein gegen irgendwen.«

Götz Werner, der Gründer und langjährige Geschäftsführer des Unternehmens dm-drogerie markt ist in meinen Augen ein Mann, der kompromisslos ehrlich ist. Ehrlichkeit wurde auch sein Geschäftsmodell. »Werbung, das haben wir uns bei dm zur Aufgabe gemacht, soll nicht locken und verführen, sondern sie hat die Aufgabe, den Menschen aufzuklären und zu beraten.« So Götz Werner in einer hauseigenen Broschüre. Wie sieht das konkret aus? dm hat vor Jahren Sonderangebote abgeschafft und Dauerpreise eingeführt. »Unsere Kunden sollen die Produkte, die sie benötigen, zu dem Zeitpunkt kaufen, zu dem sie diese auch brauchen. Dauerpreise verführen nicht zu unnötigem Mehreinkauf, sie führen zu überlegtem, bewusstem und bedarfsorientiertem Konsum.«

Mit dieser Haltung hat er Mut bewiesen, noch entscheidender aber ist, sie zeigt: Für ihn ist der Mensch nie Mittel, sondern immer Zweck. Der Zweck eines Drogeriemarktes sei nicht, wie er in einem Interview formulierte, Zahncreme zu verkaufen, der Zweck sei vielmehr, dass Menschen ihr Bedürfnis nach Zahncreme befriedigen und dass Menschen im Unternehmen tätig werden können. Damit widerlegt er beeindruckend den Satz »Der Ehrliche ist der Dumme« und bestätigt den Satz »Ehrlich währt am längsten«. Denn sein Unternehmen hat mit diesem Geschäftsmodell das sicherste Kapital angesammelt, das es in der Welt der Wirtschaft gibt: das Vertrauen der Mitarbeiter und Kunden. Von Robert Bosch stammt der Satz: »Lieber verliere ich Geld als Vertrauen.«

Der Konkurrent Schlecker hat sich an diese Haltung des ehrbaren Kaufmanns nicht gehalten. Er war zunächst erfolgreich mit seiner menschenverachtenden Strategie, bis er letztlich genau daran scheiterte.

Es gibt viele Götz Werners unter mittelständischen Unternehmern, angefangen bei kleinen Handwerksbetrieben bis hin zu umsatzstarken Firmen. Es sind die Personen an der Spitze, die für Ehrlichkeit sorgen. Wenn ein Götz Werner keine Personen findet, die sein Unternehmen in seinem Geist weiterführen, wird es nach einigen Jahren den Sirenentönen der Gewinnmaximierung erliegen.

Ich könnte mit Beispielen für die Vitalität der Ehrlichkeit fortfahren. Die zunehmende Bereitschaft, ehrenamtlich zum Gemeinwohl beizutragen, ist eines. Geld spielt keine Rolle, wenn Menschen sich für andere engagieren. Ihre Motive sind aufrichtig, wenn sie benachteiligten Kindern und Jugendlichen helfen, lesen zu lernen, wenn sie sich um ältere, einsame Menschen kümmern oder wenn sie Beratung anbieten. Die altruistische Haltung ist glaubwürdig, die moralische Wirkung in der Gesellschaft segensreich.

Wenn unsere Ängste geschürt werden, weil täglich Nachrichten über Lügen, über Betrügereien, über Unterdrückung und Ausbeutung von Menschen erscheinen, müssen wir uns an die starken Gegenbewegungen erinnern, die die Wahrheit ans Licht bringen. Weil Wahrhaftigkeit die Bestimmung des Menschen ist und weil ohne einen starken Willen zur Wahrhaftigkeit der Untergang der Menschheit besiegelt wäre, können wir darauf vertrauen, dass die Idee des Rechtsstaates sich langfristig überall durchsetzen wird. Der Wille zur Wahrhaftigkeit prägt die westliche Moral und breitet sich in der Welt aus. Ihren Siegeszug, der ein Siegeszug der Menschenrechte ist, verdankt sie der Tatsache, dass der Drang nach Wahrhaftigkeit so elementar ist wie der Drang nach Leben.

Anfang des 16. Jahrhunderts verkaufte Johann Tetzel gegen Barzahlung sogenannte Ablassbriefe. Wer einen solchen Brief erstand, so hieß es damals, dem würden die Höllenstrafen erlassen. »Wenn das Geld im Kasten klingt, die Seele aus dem Feuer springt!« Gegen diesen, von den Mächtigen gebilligten und von den geplagten Christen für wahr gehaltenen Lug und Trug trat der Missionar der Wahrhaftigkeit, Martin Luther, auf. Er beendete das böse Treiben, indem er ehrlich seine Sicht der Dinge verkündete. Das Lügengebäude stürzte ein.

Es bedarf nicht immer eines Luthers. Die Macht der vielen ehrlichen Einzelnen kann die Lüge zu Fall bringen. Lüge ist heute schon deswegen weniger mächtig, weil wir gelernt haben, uns unseres Verstandes zu bedienen. Die Ehrlichen sollten aber nicht der Versuchung erliegen, sich ins Private zurückzuziehen und sich mit ihrer individuell gepflegten Ehrlichkeit zu begnügen. Denn die Ehrlichkeit der Ehrlichen muss öffentlich sichtbar werden und anstößig wirken.

Öffentlichkeit beginnt schon in der Familie, in der Abteilung einer Firma, in einem Lehrerkollegium oder in einer Verwaltung. Für Kinder und Jugendliche in der Jungenbande oder Mädchengruppe, in der Schulklasse, im Sportverein oder im Ferienlager. Die Ehrlichen sollten den Satz im alltäglichen Leben widerlegen, den ich schon im Vorwort erwähnt habe und der Napoleon, der ein Zyniker war, zugeschrieben wird: »Die Welt geht nicht an der Bosheit der Bösen zugrunde, sondern an der Schwachheit der Guten.«

Die Gefährdung der Ehrlichen

Schüler Salems hielten sich in der Frühzeit der Schule an den Ehrenkodex, immer ehrlich zu sein. Eine Besucherin wollte Salem kennenlernen und fragte einen Schüler, was das Besondere seiner Schule ausmache. »Wir lügen nie!«, lautete seine Antwort.

»Oh, dann war das deine erste Lüge!«, konterte die Dame.

Niemand kann immer ehrlich sein. Aber manche Menschen bilden sich ein, sie könnten es. Sie kommen sich moralisch überlegen vor und sind selbstgerecht, weil sie keine Selbstzweifel kennen. Das Gefühl der Überlegenheit steigern sie noch, indem sie sich mit anderen vergleichen.

»Ich danke dir, dass ich nicht bin wie die übrigen Menschen ... oder auch wie dieser Zöllner«, betet der Pharisäer im Tempel, so ist es nachzulesen im

Gleichnis vom Pharisäer und Zöllner im Lukas-Evangelium. Er rechnet Gott alle seine guten Taten vor und distanziert sich von Sündern wie dem Zöllner, der gleichzeitig im Tempel betet, sich aber seines Fehlverhaltens bewusst ist. »Wehe euch, ihr Schriftgelehrten und Pharisäer, ihr Heuchler, dass ihr übertünchten Gräbern gleich seid, die auswendig schön scheinen, inwendig aber voll von Totengebeinen und allem Unrat sind. So erscheint auch ihr auswendig den Menschen als gerecht, inwendig aber seid ihr voll von Heuchelei und Gesetzesverachtung.« (Mt, 23,27-28).

Es gibt wenige Texte, die die Arroganz der Scheinheiligen so treffend charakterisieren, wie es Jesus Christus im Gleichnis vom Pharisäer und Zöllner gelingt und wie die Bilder mitteilen, die er in seiner Rede über die Verlogenheit der Selbstgerechten gebraucht.

Selbstgerechtigkeit verbirgt sich häufig unter dem Gewand demütiger Tugend. Ich erinnere mich an eine Lehrerin, die als eine Stütze der Schule galt, weil sie alle Erwartungen an eine gute Lehrerin erfüllte: Einfühlsam wandte sie sich jedem Schüler zu, sie galt als kompetent, als gerecht und verlässlich; sie fiel durch einen vorbildlichen, »wertschätzenden« Umgang auf. Nie beteiligte sie sich an Tratsch über einen Kollegen oder einen Schüler. Trotz dieser anständigen Haltung erregte sie Ärgernis. Sie wirkte unangreifbar in ihrer Tugendhaftigkeit und tat auch alles, um unangreifbar zu erscheinen. Ihr lag viel daran, sich politisch korrekt zu verhalten. Selbstironie war ihr fremd. Hätte sie ab und zu über sich selbst lächeln können, so hätte sie zugegeben, dass ihr Bild der Tugendhaftigkeit Kratzer hatte.

Hämisch und genüsslich rächen wir uns an Menschen, die sich moralisch überlegen fühlen und das auch ausstrahlen, indem wir sie als »Gutmenschen« bezeichnen. Gutmensch ist die heute gebräuchliche Bezeichnung für Pharisäer. Gutmenschen richten gern über andere. Als Jesus Christus eine Ehebrecherin vorgeführt wurde und die Menge von ihm hören wollte, dass sie die vom Gesetz vorgesehene Steinigung verdient habe, antwortete er: »Der werfe den ersten Stein, der ohne Sünde ist.« Richtet nicht über andere, so lautet eine seiner wichtigsten moralischen Botschaften. Wir tun im Alltag das Gegenteil. Wer von uns ist frei von solcher Scheinheiligkeit? Die Christen jedenfalls haben die Worte ihres Herrn in ihrer Geschichte wenig beherzigt.

Vermutlich hat jeder von uns eine Neigung dazu. Ich selbst habe mich schon ertappt, wie ich den Fall eines Menschen mit selbstgerechter Genugtuung verfolgte, der sich einen Namen durch Kompetenz und moralische Autorität gemacht hatte, den ich aber nicht mochte. Zu meinen Gunsten kann ich nur ins

Feld führen, dass ich mein Fehlverhalten erkannte und versuchte, meine Schadenfreude einzugrenzen.

Beispiele öffentlicher Scheinheiligkeit gibt es nicht wenige aus den letzten Jahren. Stellvertretend für andere will ich den Präsidenten des FC Bayern Uli Hoeneß anführen. Er hat irgendwann einmal geäußert: »Ich weiß, dass es doof ist. Aber ich zahle volle Steuern.« Dann wurde publik, dass er Steuern hinterzogen hatte. Eine Phalanx von selbsternannten Gutmenschen, die vielleicht selbst schon Steuern hinterzogen hatten, fiel über ihn her. Man nahm ihm übel, dass er sich rechtschaffen gab, »inwendig … aber voll von Heuchelei und Gesetzesverachtung« war. Je höher der Bürger im Ansehen steht, desto unbarmherziger wird über ihn gerichtet. Kaum jemand wartet, bis ein Gericht ein Urteil gesprochen hat.

Besonders gefährdet sind diejenigen, die vermeintlich schlecht weggekommen sind. Menschen zum Beispiel, die nicht wohlhabend sind, entwickeln häufig ein Gefühl der moralischen Überlegenheit gegenüber reichen Leuten. Es ist ein psychischer Mechanismus, Neid und andere missgünstige Regungen dadurch zu neutralisieren, dass man denjenigen, der vermeintlich besser weggekommen ist, moralisch abwertet. Deswegen ist Pharisäismus linken Bewegungen nicht fremd.

Ehrliche Menschen müssen sich fortwährend selbst prüfen, ob sie der Verführung zur Selbstgerechtigkeit nicht erliegen. Sie brauchen Freunde, die sie davor schützen. Denn Ehrliche sind nur dann mächtig, wenn sie sich immer wieder selbstkritisch prüfen, ob sie sich nicht doch über andere erheben und über sie richten.

»Versuch, in der Wahrheit zu leben.
Von der Macht der Ohnmächtigen.«

Václav Havel

Ein Gemüsehändler im kommunistisch beherrschten Prag der sechziger Jahre beschließt eines Tages, das Spruchband »Proletarier aller Länder vereinigt euch!« aus seinem Schaufenster zu entfernen. Bis zu diesem Zeitpunkt hing es immer dort, so wie es die Partei verlangt hatte.

Durch eine solche Rebellion wird der Gemüsehändler aus dem »Leben in Lüge« austreten, das Ritual ablehnen und die »Spielregeln« verletzen. Er wird wieder seine unterdrückte Identität und Würde finden, seine Freiheit verwirklichen. Seine Rebellion wird ein Versuch für das *Leben in Wahrheit* sein.

Die Rechnung wird ihm schnell präsentiert werden: Er wird seinen Posten verlieren und zum Beifahrer eines Lieferwagens degradiert werden. Sein Gehalt wird herabgesetzt. Seine Hoffnung, eine Urlaubsreise nach Bulgarien zu machen, wird er aufgeben müssen. Die weitere Schulausbildung seiner Kinder wird bedroht. Die Vorgesetzten werden ihn schikanieren, und seine Mitarbeiter werden sich über ihn wundern.

...

Der Gemüsehändler beging nämlich nicht nur irgendein individuelles, in seiner Einmaligkeit abgeschlossenes Vergehen, sondern er hat etwas unvergleichbar Gewichtigeres getan: Dadurch, dass er die »Spielregeln« verletzte, hat er das Spiel als solches abgeschafft. Er hat die Machtstruktur dadurch verletzt, dass er ihre Bindungen durchlöchert hat; er zeigte, dass das »Leben in Lüge« ein Leben in Lüge ist. Er hat die Fassade des »Erhabenen« durchbrochen und enthüllt die wirkliche, das heißt niedere »Basis« der Macht. Er sagt, dass der Kaiser nackt ist. Und da der Kaiser wirklich nackt ist, ist das, was passierte, unheimlich gefährlich: Durch seine Tat hat der Gemüsehändler die ganze Welt angesprochen, er hat jedem ermöglicht, hinter die Kulissen zu schauen; er hat gezeigt, dass man in der Wahrheit leben *kann*.

...

Der Totenschleier des »Lebens in Lüge« ist aus einem sonderlichen Stoff gemacht – solange er die ganze Gesellschaft luftdicht bedeckt, scheint er aus Stein zu sein. In dem Moment aber, wo ihn jemand an einer einzigen Stelle durchlöchert, wenn ein einziger Mensch »Der Kaiser ist nackt« ruft, wenn ein einziger Spieler die Spielregeln verletzt und dies somit als Spiel entlarvt, kommt plötzlich alles in ein anderes Licht, und der ganze Schleier wirkt, als ob er aus Papier wäre – als ob er anfängt, unaufhaltsam in kleine Fetzen zu zerfallen.«[6]

Diese Zeilen stammen aus dem Essay *Versuch, in der Wahrheit zu leben*, das der tschechische Regimekritiker und Schriftsteller Václav Havel geschrieben hat, als die kommunistische Regierung an der Macht war. Als Folge seiner Wahrhaftigkeit hat er fünf Jahre im Gefängnis verbracht. Wie Sokrates lehnte er das Angebot ab, freizukommen, wenn er auf Äußerungen der Wahrheit verzichten würde.

Wir leben in Deutschland in einer Demokratie. Trotzdem bleiben wir gefährdet, ein Leben in Lüge zu führen. Auch in Demokratien gibt es Unfreiheit. Sichtbare oder unsichtbare Diktate herrschen über uns: das Diktat einer Familientradition, das Diktat einer autoritären Führung, das Diktat der Tugend, das Diktat politischer Korrektheit, das Diktat der

---

6 Václav Havel: *Versuch, in der Wahrheit zu leben. Von der Macht der Ohnmächtigen*. Deutsche Übersetzung von Gabriel Laub. © 1980, 1989 Rowohlt Taschenbuch Verlag GmbH, Reinbek bei Hamburg, S. 27 bis 31.

Kirche, das Diktat des eigenen Narzissmus, aber auch das Diktat des Geldes oder der Leistungsgesellschaft und nicht zuletzt das Diktat einer Selbstlüge – alle leben in der Lüge, die sich solchen Diktaten unterwerfen, ohne ihren Verstand einzuschalten.

Wer wie der Gemüsehändler einen ersten Schritt tut, macht einen ersten Schritt in die Unabhängigkeit. Dieser erste Schritt kann darin bestehen, dass einer sich eingesteht, unter einem Diktat zu leben. Damit beginnt er, sich von diesem Diktat zu befreien.

Den ersten Schritt in die Unabhängigkeit tun wir in der Pubertät – oder sollten wir tun. Kinder rufen noch unbefangen: »Der Kaiser ist nackt.« Sie kennen noch nicht das Leben in Lüge. Die Pubertät ist die Phase, in der Jugendliche zunehmend für sich selbst Verantwortung übernehmen wollen und sollen. Sie wollen entdecken, wer sie sind. Sie wollen sich nicht mehr vorschreiben lassen, wer sie sein sollen. Sie verstehen intuitiv, dass sie in der Lüge leben werden, wenn sie nicht lernen, ihr Leben selbst zu bestimmen. Wenn sie sagen: »Der Kaiser ist nackt«, ist das der erste mutige Schritt in die Freiheit.

Das Diktat der Markenkleidung ist ein äußerliches Diktat. Die Befreiung davon kann der erste Schritt eines Jugendlichen zu sich selbst sein. Ich erinnere mich an ein Mädchen, das sich diesem Diktat widersetzte und sich demonstrativ durch ihre Kleidung von den anderen unterscheiden wollte. Das wirkte mutig und beeindruckte uns zunächst. Dann erkannten wir aber, dass sie auffallen wollte. Ihr narzisstisches Naturell verführte sie dazu, sich die Aufmerksamkeit der anderen sichern zu wollen. Sie befreite sich vom Diktat der Markenkleidung, blieb aber eine Gefangene ihres Narzissmus, sie wechselte von einem Leben in Lüge in ein weiteres Leben in Lüge.

Ein anderes Mädchen beschloss eines Tages, sich dem Diktat der Markenkleidung zu entziehen. Sie hatte ihre Ferien in einem Jugendlager verbracht, hatte sich von der Natürlichkeit des Auftretens der Gleichaltrigen anstecken lassen und dabei ihre Abhängigkeit erkannt. Ihre Kleidung entsprach danach ihrem Naturell — farbig, einfach im Stil, manchmal ein wenig eigenwillig. Sie entdeckte, dass sie mit Understatement ihrer Kleidung authentischer wirkte. Es war ihr erster Schritt in die Unabhängigkeit.

Erwachsene und Jugendliche sind abhängig von der Meinung anderer. Sie tun viel dafür, ihr Ansehen zu vermehren oder mindestens zu wahren. Ihre Unabhängigkeit von der Meinung anderer geht einher mit ihrer Fähigkeit, ihren eigenen Weg selbst zu bestimmen. Diese Fähigkeit müssen Jugendliche erst mühsam erwerben, weil sie noch nicht recht wissen, wer sie sind. Ihr Weg zu einem selbstbestimmten Leben sollte nicht nur über den Protest gegen die Autorität der Erwachsenen führen; sie sollten lernen, ihren eigenen Weg auch gegen den Gruppendruck der Gleichaltrigen zu gehen, dem sie täglich ausgesetzt sind. Das tägliche Schielen auf die Meinung der Gleichaltrigen ist die größte Abhängigkeit, die junge Menschen erleben.

Wer sich aus einer Abhängigkeit befreit, verlässt ein Leben in Lüge. Er weicht von dem üblichen Verhalten ab. Er gewinnt an Selbstvertrauen und Zufriedenheit. Eine unabhängige Haltung bleibt nicht ohne Wirkung. Das Mädchen, das sich entschloss, die Markenkleidung ohne viel Aufhebens aufzugeben, konnte nicht damit rechnen, dass andere ihr unmittelbar folgen. Mitschülerinnen waren aber beeindruckt und begannen nachzudenken.

Wenn ein Einzelner sich entschließt, unabhängiger zu leben, ist das noch keine politische Handlung. Erst wenn er Bundesgenossen sucht, um gemeinsam mit ihnen Einfluss auf die Art und Weise zu nehmen, wie sie in ihrer Gesellschaft leben und arbeiten wollen, handelt er politisch.

Dissidenten entziehen sich nicht einem Regime, sie treten vielmehr offen für die Wahrheit ein, sie verteidigen die Wahrheit gegen das Regime. Eine Demokratie braucht keine Dissidenten. Sie braucht aber sehr wohl Menschen, die rufen, dass der Kaiser nichts anhat, wenn er nichts anhat. Viele unterlassen dies, weil sie Konsequenzen fürchten – sie könnten sich unbeliebt machen oder benachteiligt werden. Denn wer eine Wahrheit ausspricht, ärgert in der Regel jemanden oder lässt ihn in einem schlechten Licht erscheinen.

Auch in einer Demokratie kann es einem ehrlichen Menschen so ergehen wie dem Gemüsehändler aus Prag. Ich denke etwa an Daniel Ellsberg, der 1971 geheime Pentagon-Papiere veröffentlichte. Auf diese Weise deckte er auf, dass die US-amerikanische Öffentlichkeit in Bezug auf den Vietnamkrieg gezielt irregeführt wurde – und zwar durch alle Präsidenten, von Harry S. Truman bis hin zu Richard Nixon. Ellsberg drohte wegen Diebstahls und unerlaubten Besitzes von Staatsgeheimnissen eine Verurteilung zu 115 Jahren Haft. Das Verfahren wurde am Ende aber vom Obersten Gerichtshof der Vereinigten Staaten eingestellt.

Whistleblower nennt man solche Menschen, die Skandale aufdecken und dabei ihr Leben, ihren Ruf oder ihre Freiheit aufs Spiel setzen. Edward Snowden, der als ehemaliger Mitarbeiter von CIA und NSA die Machenschaften der Geheimdienste enthüllte, ist der letzte prominente Fall. Whistleblower muss es auch im demokratischen Alltag geben. Menschen müssen den Mut haben, üble Machenschaften zu enthüllen. Die Beweggründe und die Art und Weise, wie die Enthüllungen geschehen, sind entscheidend dafür, ob eine Enthüllung legitim ist und ob der Enthüller ein Verräter oder ein Held ist.

Der Rechtsstaat sichert die freie Meinungsäußerung. Er ist aber kein statisches Gebilde, sondern lebt davon, dass seine Bürger von ihr Gebrauch machen. Sie müssen täglich versuchen, in der Wahrheit zu leben. Das gelingt, wenn die vielen Einzelnen aus einem Leben in Lüge austreten. »Kleinarbeit« der vielen nennt Václav Havel die Anstrengung, damit sich etwas bewegt. Nicht die großen Heldentaten sind gefragt, auch nicht politische Agitation oder Demonstration. Jeder soll konsequent auf seinem Gebiet gute Arbeit leisten und die Lüge als Lüge erscheinen lassen, dann können wir in einer menschenwürdigen Gesellschaft leben.

Dank

Michaela Röll von der Agentur Eggers hat maßgeblich dazu beigetragen, dass ich mich überhaupt dazu entschlossen habe, dieses Buch zu schreiben. Einfühlsam und kritisch hat sie meine tastenden Versuche begleitet und durch weiterführende Gedanken bereichert. Bettina Eltner hat keine Anstrengung gescheut, die Texte streng zu lektorieren. Das hat der Qualität gutgetan. Die Leser werden es ihr danken.

Wolfgang Harder hat mir sehr geholfen, die innere Logik meiner Botschaft zu finden.

Wolfgang Bohle hat mich zu entscheidenden philosophischen und rechtlichen Gedanken angeregt; auch hat er auf manche Unstimmigkeiten aufmerksam gemacht.

Meine Frau und meine Töchter haben mich durch ihren unerschütterlichen Glauben an ein gutes Ergebnis meiner Anstrengungen beflügelt und mir in vielen Diskussionen geholfen, meine Gedanken zu ordnen.

Allen war gemeinsam, dass sie ehrlich mit mir umgingen. Dafür danke ich ihnen herzlich.

Bernhard Bueb

Lob der Disziplin

Eine Streitschrift

ISBN 978-3-548-36930-3
www.ullstein-buchverlage.de

Dreißig Jahre lang hat Bernhard Bueb die Eliteschule Schloss Salem geleitet. Der renommierte Pädagoge gilt als einer der bekanntesten Kritiker des deutschen Erziehungswesens. In *Lob der Disziplin* hat er seine provokanten Thesen erstmals zusammengestellt. Ein richtungsweisendes und engagiertes Plädoyer für eine Erziehung zu mehr Selbstdisziplin und Verantwortung.

»Das Buch hat sein Ziel längst erreicht: Die Debatte um Erziehung in Deutschland ist angestoßen.«
Frankfurter Allgemeine Zeitung

»Bueb will mehr Mut zur Erziehung machen.«
Die Zeit

US295

Bernhard Bueb

Von der Pflicht zu führen

Neun Gebote der Bildung

ISBN 978-3-548-37309-6
www.ullstein-buchverlage.de

Ausgebrannte Lehrer, gelangweilte Schüler, gleichgülti-
ge Eltern: Die Bildungsmisere in Deutschland ist nicht
das Ergebnis fehlender Reformen, sondern fehlender
Führung. Jeder Erziehende hat die Pflicht, Kinder und
Jugendliche anzuleiten, damit sie zu sich selbst finden
und an ihre Fähigkeiten glauben. Ein Plädoyer für ein
radikales Umdenken in Bildung und Erziehung.

»Eine Fundamentalkritik am deutschen Schulwesen«
Der Spiegel, Katja Thimm und Martin Doerry

»In menschenfreundlichen Sätzen gelingt Bueb
ein schönes Lob des pädagogischen Eros, von
Bildung und Herzensbildung.« *Die Zeit*

»Bernhard Buebs neues Buch will die Schule radikal reformieren.« *Frankfurter Allgemeine Zeitung*

ullstein

US326